POURVOI

MÉMOIRE ET REQUÊTE

POUR

M. L'ABBÉ J.-H.-R. PROMPSAULT

En instance au Conseil d'État pour faire déclarer abusifs :

1° UNE ORDONNANCE EN DATE DU 10 AOUT 1854

Par laquelle Mgr l'archevêque de Paris condamne deux consultations sur recours en cas d'abus, données : l'une à M. l'abbé Régnier, curé de Salbris, et l'autre à M. l'abbé Bordier, prêtre du diocèse d'Angers ;

2° LE RETRAIT DE POUVOIRS DONT CETTE ORDONNANCE A ÉTÉ SUIVIE.

Avec un appendice contenant l'ordonnance de Mgr l'archevêque de Paris.

PARIS
IMPRIMERIE LACOUR ET Cie,
16, RUE SOUFFLOT, 16.

1854

« Sans abjurer vos propres convictions, ne condamnez pas, avant de les avoir examinées, les opinions des autres, quand ces opinions n'ont rien de contraire à l'enseignement de l'Église. Voyez-les par vous-même, chacune dans leur véritable jour, non pas défigurées, mais telles qu'elles sont exposées par leurs auteurs. Écoutez sérieusement, avec sincérité, ceux qui ne partagent pas votre sentiment, et alors vous, qui parfois vous montrez si injuste envers vos adversaires, si durs pour ceux qui n'ont pas votre manière de voir, vous finirez par croire qu'on peut être de bonne foi et honnête homme en ne pensant pas comme vous. Alors cette maxime si sage, que nous foulons, hélas ! trop souvent aux pieds, et qui est cependant celle de l'Église, deviendra notre devise à tous : *In necessariis unitas, in dubiis libertas, in omnibus charitas.* »

(Mandement de Mgr l'archevêque de Paris du 15 janvier 1851.)

POURVOI

MÉMOIRE ET REQUÊTE.

LOIS ET ACTES LÉGISLATIFS

RELATIFS A LA QUESTION.

1° Bulle du 17 des calendes de juillet 1518. — « De notre science certaine et de la plénitude de notre pouvoir apostolique... *nous constituons et députons* Votre Majesté et le roi de France qui existera, selon le temps, *légitimes protecteurs, défenseurs et conservateurs des susdites lettres* (du concordat de 1518) et de la constitution établie par elles, comme de toutes et chaque chose qu'elles contiennent, et *vengeurs d'autorité apostolique les plus invincibles*, contre quiconque tentera de les enfreindre, ou ce qu'elles contiennent, *quels que soient sa dignité, état, grade, ordre*, condition ou noblesse, nonobstant toutes les choses que nous avons voulu ne pas mettre obstacle auxdites lettres, et les autres contraires quelles qu'elles soient. »

2° Bouchel. — « On peut interjeter appel comme d'abus *de tout* ce qui est fait par les ecclésiastiques ayant juridiction. » (*Bibl. can.*, app. comme d'ab.)

3° Concordat de 1802. — A. 1er « La religion catholique, apostolique et romaine sera LIBREMENT EXERCÉE EN FRANCE Son culte sera public, en se conformant aux règlements de police que le gouvernement jugera nécessaires pour la tranquillité publique.

A. 16. « Sa Sainteté reconnoît dans le premier consul de la république françoise *les mêmes droits et prérogatives* dont jouissoit près d'elle l'ancien gouvernement. »

4° Articles organiques. — A. 6. « Il y aüra recours au conseil d'Etat, *dans tous les cas d'abus* de la part des supérieurs et autres personnes ecclésiastiques.

Les cas d'abus sont :

L'usurpation ou l'excès de pouvoir,
La contravention aux lois et règlements de la république,
L'infraction des règles consacrées par les canons reçus en France,
L'attentat aux libertés, franchises et coutumes de l'Eglise gallicane,
Et toute entreprise ou tout procédé qui, dans l'exercice du culte, peut compromettre l'honneur des citoyens, troubler arbitrairement leur conscience, dégénérer contre eux en oppression, ou en injure, ou en scandale public.

A. 8. « *Le recours compétera à toute personne intéressée.* A défaut de plainte particulière, il sera exercé d'office par les préfets.

« Le fonctionnaire public, l'*ecclésiastique* ou la personne qui voudra exercer ce recours, adressera un mémoire détaillé et signé au conseiller d'Etat chargé de toutes les affaires concernant les cultes, *lequel* SERA TENU de prendre dans le plus court délai tous les renseignements convenables, et sur son rapport, l'affaire sera suivie et définitivement terminée dans la forme administrative, ou renvoyée, selon l'exigence des cas, aux autorités compétentes.

A. 9. « Le culte catholique sera exercé *sous la direction* des archevêques et évêques dans leurs diocèses, *et sous celle des curés dans leurs paroisses.* »

5° Pie VII. — « IL EST VRAI que, dans tous les temps, l'Eglise de France a joui de priviléges reconnus par nos prédécesseurs, *et bien loin que nous ayons voulu les détruire ou les diminuer*, nous lui en avons accordé de nouveaux qui ne se sont point trouvés en opposition avec notre conscience, ainsi que tout le monde catholique en est instruit. » (Correspondance officielle de la cour de Rome, 5e édit. Rome, 1814, p. 42.)

6° Rapport de Portalis en forme de discours sur l'organisation des cultes. — En autorisant un culte, l'Etat S'ENGAGE *à en protéger la doctrine*, *la discipline* ET LES MINISTRES, et, par une nécessité de conséquence, il s'engage à faire jouir ceux qui professent ce culte des biens spirituels qui y sont attachés.

PROTÉGER *une religion, c'est la mettre sous l'égide des lois ;* c'est empêcher qu'elle ne soit troublée, c'est GARANTIR à ceux qui la professent la jouissance des biens spirituels qu'ils s'en promettent, COMME ON LEUR GARANTIT LA SURETÉ DE LEURS PERSONNES ET DE LEURS PROPRIÉTÉS...

Protéger un culte, ce n'est point chercher à le rendre dominant ou exclusif, c'est seulement veiller sur *sa doctrine et sur sa police* pour que l'Etat puisse diriger des institutions si importantes vers là plus grande utilité publique, *et pour que les ministres ne puissent* corrompre la doctrine confiée à leur enseignement ou SECOUER ARBITRAIREMENT LE JOUG DE LA DISCIPLINE AU GRAND PRÉJUDICE DES PARTICULIERS ET DE L'ETAT... *car rien n'est moins propre à favoriser et à naturaliser les idées de servitude et de despotisme* que les maximes d'une religion qui interdit toute domination à ses ministres, qui nous fait un devoir de ne rien admettre sans examen, qui n'exige des hommes qu'une obéissance raisonnable, et qui ne veut les régir que dans l'ordre du mérite et de la liberté.

QUAND UNE RELIGION EST ADMISE, ON ADMET PAR RAISON DE CONSÉQUENCE LES PRINCIPES ET LES RÈGLES D'APRÈS LESQUELLES ELLE SE GOUVERNE.

Il suffit que la religion soit autorisée par le magistrat politique pour que le magistrat doive s'occuper du soin de la rendre utile et *d'empêcher qu'on n'en abuse (ib.)*.

On s'est toujours alarmé dans le clergé du recours à l'autorité séculière contre les actes des ministres de la religion, et de l'importance que le gouvernement et les citoyens ont toujours apportée dans l'examen de cet acte; TOUT SERAIT PERDU POUR LE CULTE ET POUR SES MINISTRES LE JOUR OU CETTE

IMPORTANCE DISPARAITRAIT. (Portalis, discours sur l'organisation des cultes, 15 germinal an x.)

7° Code pénal, art. 377. « NE DONNERONT LIEU A AUCUNE ACTION EN DIFFAMATION OU INJURE les discours prononcés *ou les écrits* produits devant les tribunaux. Pourront néanmoins les juges saisis de la cause, en statuant sur le fond, prononcer la suppression des écrits injurieux ou diffamatoires, et condamner qui il appartiendra en des dommages-intérêts. »

8° Droit canon. — « Que tous observent les choses statuées par les canons, et que, dans les procès ou jugements ecclésiastiques, personne ne suive son propre sens, mais leur autorité. » (Décrétal. grég., IX, l. 1, t. 2, c. 1.)

Les Pères du second concile de Séville, au nombre desquels se trouvait saint Isidore, prirent, dans un cas analogue à celui-ci, la disposition suivante, qui est passée dans le droit canon : « Dans la sixième session, nous avons découvert que Fragitan, prêtre de l'Eglise de Cordoue, a été injustement rejeté par son évêque et condamné à l'exil sans être coupable. En le rétablissant dans son ordre, nous avons décrété de nouveau, pour prévenir les excès d'autorité, que, *selon l'ordonnance synodale des anciens Pères, nul de nous ne se permettra de rejeter un prêtre ou un diacre sans l'examen du concile; car il y en a plusieurs qui condamnent tyranniquement, sans examen et non pas canoniquement;* de même, qu'ils en élèvent plusieurs par faveur, ainsi, ils en abaissent quelques-uns par haine ou par jalousie, les condamnent sous le moindre prétexte; conduite criminelle que nous condamnons, CAR L'ÉVÊQUE PEUT DONNER SEUL LA DIGNITÉ AUX PRÊTRES ET AUX MINISTRES, MAIS IL NE PEUT PAS LA LEUR OTER SEUL. » — « Sexta actione compe-
« rimus Fragitanum cordubensis Ecclesiæ presbyterum in-
« juste olim a pontifice suo dejectum, et innocentem exilio
« condemnatum. Quem rursus ordini suo restituentes id
« denuo adversus præsumptionem nostram decrevimus; ut
« juxta priscorum patrum synodalem sententiam nullus
« nostrum sine concilii examine quemlibet presbyterum, vel
« diaconum dejicere audeat. Nam multi sunt, qui indiscus-
« sos potestate tyrannica, non auctoritate canonica damnant.

« Et sicut nonnullos gratia favoris sublimant, ita quosdam « odio, invidiaque permoti humiliant et ad levem opinionis « auram condemnant, quorum crimen approbant. Episco- « pus enim sacerdotibus ac ministris solus honorem dare « potest, solus auferre non potest. » (Décret. de Grat., 2e part. cause 15, q. 7. can. 1er.)

9° Monseigneur l'archevêque de Paris actuel. — Les actes (de la juridiction contentieuse) seront toujours attaqués par ceux qu'ils atteindront. *Les punitions les plus justes passeront pour avoir été dictées par le caprice et le bon plaisir, tant qu'on ne prendra pas des mesures non-seulement pour frapper les coupables, mais encore pour les convaincre. De là des murmures et des mécontentements qui partout se font entendre et troublent la paix des diocèses.* IL NE FAUT PAS QUE LES PRÊTRES PUISSENT S'Y DIRE OU S'Y CROIRE A LA MERCI D'UNE VOLONTÉ UNIQUE, SOUVERAINE ET QU'IL EST FACILE D'ÉGARER. Il sera bon, pour corriger et pour punir, de s'environner de certaines formalités qui soient une garantie pour l'innocence à la fois et pour la justice... L'AUTORITÉ ÉPISCOPALE Y GAGNERA EN RESPECT. ON NE POURRA PLUS L'ACCUSER DE CAPRICE ET DE TYRANNIE; elle y gagnera surtout en amour. (Ordonn. du 5 déc. 1848, p. 4, et Institut. diocés., t. I, p. 405 à 413.)

« *Dès aujourd'hui* je sépare donc l'exercice de ma juridiction contentieuse de celui de ma juridiction volontaire, et *je délègue la première à mon official* pour qu'il l'exerce en mon nom et sous mon autorité avec les prêtres qui lui seront adjoints. Réunis à l'official, ces prêtres formeront à la fois un tribunal ecclésiastique et un véritable conseil disciplinaire. » (*Ib.*, p. 6, et Institut. dioc., t. I, règl., art. 1, 2 et 3.)

« La procédure est la partie la plus importante à régler pour ce qui concerne les nouvelles officialités. *C'est d'elle que doit dépendre* TOUTE *leur utilité pratique*, parce que c'est en elle que sont placées les principales garanties de l'équité des jugements. » (Inst. dioc., t. I, p. 454.)

« Elle a trois parties : 1° l'instruction de la cause, 2° les débats, 3° le jugement. (*Ib.*, p. 502, et règl. de l'offic., a. 44 et suiv.)

« *C'est toujours* en forme de jugement que le tribunal ecclésiastique aura à s'exprimer. (Inst. dioc., t. I, p. 399.)

« Nous consacrons en première ligne, dans le règlement des débats devant l'officialité, le principe de la nécessité et de la liberté de la défense. ***Il n'y a rien, en effet, de plus sacré que le droit qu'a un accusé de n'être pas condamné sans, au préalable, avoir été entendu, et*** L'ON NE SAURAIT LE VIOLER SANS VIOLER LA JUSTICE MÊME. » (Inst. dioc., t. I, p. 464.)

« Quand il y aura eu condamnation, la sentence devra toujours exprimer la faculté d'appeler. » (*Ib.*, p. 473, et règl., a. 87.)

FAITS.

Comme toutes les sociétés, l'Eglise a ses lois et ses tribunaux; de plus elle est, en France, sous la protection spéciale du souverain qui doit veiller avec sollicitude à ce qu'aucun de ses membres n'ait à souffrir des erreurs ou des mauvaises dispositions des autres.

Appuyé sur ces principes, et remplissant un devoir de charité qui est selon l'esprit de la religion, M. l'abbé Prompsault aide gratuitement de ses conseils ceux de ses confrères qui recourent à la protection du souverain, lorsqu'ils lui paraissent avoir des motifs raisonnables de se plaindre, soit de la conduite, soit des actes de leurs supérieurs, ce qui n'est pas désarmer l'autorité, mais seulement la mettre dans la nécessité de frapper avec plus de discernement et d'équité.

Son dévoûment, qui aurait dû, ce semble, lui attirer les félicitations de l'Eglise, attendu qu'elle est intéressée plus qu'aucune autre société à ne jamais abuser de son pouvoir, vient, au contraire, de provoquer le courroux de Mgr l'archevêque de Paris.

L'officialité métropolitaine de ce prélat est l'une des officialités dont M. l'abbé Prompsault combat les principes disciplinaires et a fait déférer les actes au conseil d'Etat, pour en faire déclarer l'abus. Sa Grandeur, prenant fait et cause pour elle et pour Mgr l'évêque d'Angers, a condamné, par ordonnance du 10 août dernier, deux consultations de M. l'abbé Prompsault, données, l'une à M. l'abbé Bordier, prêtre du diocèse d'Angers, arbitrairement excorporé par son évêque; l'autre à M. l'abbé Régnier, curé titulaire de Salbris, déposé contre toutes les règles du droit, et très irrégulièrement débouté de son appel par l'officialité métropolitaine de Paris.

L'ordonnance de Mgr l'archevêque de Paris est en partie disciplinaire et en partie doctrinale, mais cependant plutôt disciplinaire que doctrinale.

Elle a été rendue sur le simple vu d'un rapport accusateur, qui n'a été soumis ni à l'épreuve indispensable d'un débat contradictoire, ni même à la délibération officielle d'un conseil ecclésiastique. On a permis à l'accusateur de garder l'anonyme, ce qui a pu lui donner la facilité de calomnier plus à son aise. En un mot, on a fait à l'archevêché de Paris ce qui n'a jamais été pratiqué dans les tribunaux de l'Inquisition, où l'accusé est toujours mis en demeure de se défendre.

Comme si ce n'était pas assez d'avoir procédé de cette manière, Mgr l'archevêque de Paris a inséré, dans le Recueil des actes de son épiscopat, tome II, pages 171 à 181, envoyé à tous les évêques de France, et communiqué par la voie de la presse à tout l'univers catholique, son ordonnance et le rapport diffamatoire qui la précède, rendant ainsi définitif pour son Eglise un acte qui ne peut le devenir, sauf acceptation, qu'après avoir été successivement confirmé par deux autres tribunaux ecclésiastiques supérieurs, et livrant sans nécessité à la publicité un acte d'administration particulière qui devait déconsidérer un écrivain ecclésiastique connu, quelque parti qu'il prît.

On dirait qu'il y a eu dans toute cette affaire une combinaison tyrannique et un calcul d'oppression. L'ordonnance qui condamne les deux consultations de M. l'abbé Prompsault était rendue depuis sept jours et déjà imprimée, que M. l'abbé Prompsault ignorait encore son existence.

Le 17 août, à huit heures et demie du matin, au moment où il allait dire sa messe et où, de son côté, Mgr l'archevêque de Paris se disposait à partir pour aller prendre ses vacances à environ cent cinquante lieues de son diocèse, M. l'abbé Prompsault reçut le billet suivant, daté du 16 : « Je prie M. l'abbé Prompsault de passer ce soir, de huit à neuf heures, ou demain matin, à neuf heures. J'aurais une communication à lui faire de la part de Mgr l'archevêque. — (*signé*) L. Buquet. » — Cette communication, pour laquelle on l'appelait à l'archevêché, n'était autre que celle de l'ordonnance de Mgr l'archevêque, dont M. l'abbé Buquet, vicaire général archidiacre, lui remit un exemplaire imprimé.

De retour chez lui, M. l'abbé Prompsault répondit immédiatement : « Monseigneur, je viens de recevoir aujourd'hui 17 août, des mains de M. l'abbé Buquet, grand-vicaire, archidiacre de Notre-Dame, un exemplaire imprimé de l'ordonnance en date du 10, par laquelle Votre Grandeur condamne deux de mes consultations, comme injurieuses pour l'épiscopat et contenant une doctrine malsaine.

« Il n'est pas plus selon mes habitudes et mes intentions d'insulter mes supérieurs dans la hiérarchie ecclésiastique, que de me faire l'auteur, le propagateur ou le fauteur de l'erreur. J'ai lu attentivement le rapport fait à Votre Grandeur. Je pense qu'elle se serat épargné la douleur que son cœur doit avoir éprouvée, en se croyant dans la nécessité de punir des délits, si elle avait bien voulu me mander auprès d'elle, pour recevoir mes explications, avant de prononcer sur des accusations aussi graves.

« D'abord, je lui aurais appris que, en ma qualité de jurisconsulte simplement consultant, je dois prendre les faits tels qu'on me les expose, lorsque rien ne m'en montre la fausseté, et discuter en conséquence de l'exposé qui est soumis à mon appréciation, sans pouvoir m'en écarter. Ensuite, je lui aurais montré, dans le rapport qu'on lui a fait, les mêmes défauts que j'ai été indigné de rencontrer dans quelques-unes des pièces dont l'avocat de M. le curé de Salbris, homme très consciencieux, m'a soumis l'analyse. Enfin, je lui aurais fait remarquer que je me suis abstenu de la prendre nominativement à partie, mettant ainsi sa personne à couvert derrière son administration.

« Je ne puis me dispenser de former de suite un pourvoi en cas d'abus contre cette ordonnance, sous réserve expresse de former appel devant qui de droit, pour ce qui concerne la censure doctrinale, lorsqu'on pourra suivre cet appel, sans nuire aux deux causes pendantes au conseil d'Etat. Mon recours est porté par le même courrier à Son Excellence M. le ministre des cultes. — J'ai l'honneur d'être, etc. »

C'est après avoir reçu cette lettre que Mgr l'archevêque

de Paris fit envoyer son ordonnance au journal *l'Univers*, afin de lui donner encore plus de retentissement, et de présenter ainsi à tous les catholiques M. l'abbé Prompsault comme dûment atteint et convaincu des délits que son accusateur anonyme lui impute.

Affligé mais nullement déconcerté par une conduite si opposée à l'esprit de l'Evangile et si contraire aux règles de la justice et aux droits qu'a tout prévenu de ne pas être diffamé comme coupable, tant qu'il n'a pas été entendu et condamné en dernier ressort, M. l'abbé Prompsault écrivit en ces termes au journal qui s'était permis de faire une pareille publication : « Monsieur le rédacteur, c'est peut-être la première fois depuis qu'il y a des procès sur la terre que l'une des parties répond aux mémoires de l'autre par une condamnation et des censures.

« On a employé contre moi les procédés abusifs dont je poursuis vivement la réforme. Un anonyme m'accuse; Monseigneur me condamne, et tient sa condamnation secrète jusqu'au moment où elle pourra recevoir, par la voie de la presse, la plus grande publicité. C'est alors seulement qu'elle m'est notifiée, et que je connais par elle ma mise en jugement.

« Ce que je n'ai pas eu la faculté de faire devant le tribunal de Mgr l'archevêque de Paris, vous ne me refuseriez certainement pas, monsieur, la liberté de le faire devant le public à qui votre journal vient d'apprendre que je suis, par sentence épiscopale, mis au nombre des calomniateurs et des propagateurs de mauvaises doctrines, pour avoir courageusement défendu devant le conseil d'Etat mes confrères victimes de l'arbitraire; mais peu de mots suffiront pour montrer dans quel esprit mon accusateur anonyme a travaillé, et ce que valent ses assertions.

« Selon lui, je me permets des inculpations injurieuses et calomnieuses contre les évêques... Je me plains fréquemment de leur despotisme et de l'oppression où gémissent les prêtres livrés à l'arbitraire. » La vérité est que, me renfermant dans les limites de mon sujet, je me suis contenté de signaler, dans les actes déférés au conseil d'Etat, ce qui m'a paru arbitraire et despotique, ainsi que je le devais, puisque c'est là le motif des recours en cas d'abus que je suis prié de soutenir.

« Je plaide contre l'officialité métropolitaine. Mon accusateur me met constamment en présence de l'archevêque de Paris.

« Il me fait dire : « L'autorité s'est plus préoccupée du soin de justifier ses actes que de celui de faire respecter les droits sacrés de la justice, » tandis que j'ai écrit : « De l'analyse que nous venons de faire... *il nous paraît* ressortir deux choses... la seconde c'est que l'autorité *paraît* s'être plus préoccupée du soin de justifier sa conduite et ses actes que de celui de faire respecter les droits sacrés de la justice, » proposition relative et doublement dubitative qu'il a fallu mutiler pour la rendre absolue et affirmative.

« M. le curé de Salbris se pourvut le 30 juillet 1849 contre le refus fait par Mgr l'évêque de Blois de lui donner expédition de la sentence de déposition qu'il avait prononcée contre lui, et le 4 août contre cette sentence elle-même, quelle qu'elle soit. L'officialité métropolitaine entendit l'évêché de Blois, et nullement le curé de Salbris, supposa qu'elle n'avait reçu qu'un seul appel formé le 30 juillet, et réitéré le 4 août, déclara l'appelant non recevable, et le renvoya se pourvoir devant qui de droit, par la raison que l'évêque de Blois avait procédé extrajudiciairement et *ex informata conscientia*, et que différents textes du droit et la pratique de la sacrée congrégation du concile de Trente *paraîtraient indiquer* que le Saint-Siége se réserve la connaissance immédiate et l'appréciation des procédures et sentences *exceptionnelles du genre de celle-là*, et parce qu'il n'y avait pas possibilité d'établir un débat contradictoire, l'évêque de Blois n'ayant pas cru devoir fournir à son métropolitain les éléments nécessaires. Que l'on compare cet exposé avec celui de mon accusateur, si l'on veut se faire une juste idée de la manière dont il analyse les faits.

« Il prétend que j'affecte d'entendre du droit canon ce que le métropolitain a dit du droit civil ecclésiastique ; or, on voit le contraire dans toute ma discussion, et en particulier à la page 33.

« Sans qu'il soit nécessaire d'aller plus loin, tout le monde s'apercevra que si, avant de me condamner, monseigneur. m'avait cité à son tribunal et m'avait communiqué cette accusation anonyme, je lui aurais peut-être fait voir que, soit ignorance, soit passion de la part de celui qui l'a formulée, elle est pleine d'infidélités, d'exagération et de malveillance.

« L'irrégularité de la procédure m'a donc exposé à être diffamé et calomnié. De plus, elle se trouve cause que monseigneur a inséré dans le recueil des actes de son administration comme exécutoire, et que vous avez publié comme telle une sentence en premier ressort susceptible d'être réformée, rendue contre un accusé qui n'a été ni cité, ni examiné, ni entendu en ses moyens de défense.

« N'ai-je pas raison de m'élever contre de pareils abus, et de les poursuivre avec ardeur autant dans l'intérêt des évêques dont on peut ainsi surprendre la bonne foi, que dans celui des prêtres qui, s'ils étaient livrés pieds et poings liés à leurs accusateurs, ne jouiraient d'aucune sécurité, pour l'accomplissement consciencieux de leurs devoirs?

« Monseigneur voudrait que l'on s'adressât à Rome au lieu de s'adresser au conseil d'Etat. Nous n'avons ni la liberté, ni le moyen d'aller plaider à Rome. D'ailleurs le Saint-Siége a chargé parmi nous le souverain de protéger, défendre et conserver d'*autorité apostolique* les concordats qui règlent les matières bénéficiales. (Bulle de Léon X. 17 des cal. de juillet 1518.—Concordat de 1802, a. 16.) La cour de Rome ne voudrait certainement rien faire qui pût porter atteinte aux droits dont le premier consul stipula en 1801 la reconnaissance formelle et dont l'exercice, s'il est, comme on le dit, très imparfaitement réglé, n'en est pas moins un privilége que le souverain doit être jaloux de conserver et doit peut-être même conserver aussi longtemps qu'il interviendra directement dans les nomination, conservation, et dotation des titulaires ecclésiastiques.

« Qu'on change la loi, je serai l'un de ceux qui s'y opposeront le moins; mais, tant qu'elle existera, il ne faut point me faire un crime d'en réclamer et d'en poursuivre l'exécution.

« Soyez assez bon, monsieur, pour insérer cette réponse intégralement dans votre journal. Le reste de ma défense sera produit devant le concile provincial et au conseil d'Etat.

La question est trop grave, surtout à raison des deux procès encore pendants, pour que les autres journaux qui, commo vous, auront publié la condamnation de Mgr l'archevêque, ne s'empressent pas de publier ma réponse avant que je les en prie. — J'ai, etc. — 21 août 1824. »

L'Univers, suivant sa vieille habitude, s'est abstenu de publier cette lettre; mais il la communiqua à l'archevêché, ce qui valut à M. l'abbé Prompsault l'invitation suivante :

« Monsieur l'abbé, — en publiant son ordonnance contre vos derniers écrits, Mgr l'archevêque s'est abstenu, comme il vous a été facile de le voir, de porter aucune condamnation contre votre personne. Il attendait de votre foi une soumission entière au jugement qu'il croyait devoir rendre. Toutefois, je ne puis vous cacher, qu'en partant, il nous a laissé des ordres formels pour vous retirer les pouvoirs spirituels que vous avez dans le diocèse, si, contre son attente, cette soumission n'avait pas lieu.

« Déjà, monsieur l'abbé, loin de vous soumettre, vous en avez appelé au conseil d'Etat comme d'abus, et vous avez pris soin d'en avertir vous-même Monseigneur. ***Aujourd'hui, la rédaction du journal l'Univers nous avertit*** que vous venez de lui adresser une réponse à l'ordonnance qui vous condamne, avec injonction de l'insérer dans son plus prochain numéro.

« Permettez, monsieur l'abbé, que j'appelle toute votre attention sur la ligne de conduite que vous paraissez vouloir suivre dans cette circonstance.

« Nous voudrions éviter la dure nécessité de mettre à exécution les ordres formels que nous avons reçus, et, si vous persévériez dans votre opposition, vous nous enlèveriez vous-même toute possibilité de nous soustraire à cette obligation.

« Je fais donc, en ce moment, un appel à votre foi et à votre piété. Pesez devant Dieu toutes les conséquences que doit entraîner pour vous une opposition si peu raisonnable et si peu sacerdotale. Retirez et votre appel comme d'abus et votre article en réponse à l'ordonnance qui vous condamne. N'appelez pas sur vous une sévérité qu'il nous serait si pénible d'employer, lorsque dans notre cœur ne se trouvent encore que des sentiments de bienveillance et de considération. — Votre dévoué serviteur. (*signé*) A. SURAT, vicaire général. — Le 23 août 1854. »

M. l'abbé Prompsault répondit : « Monsieur le grand-vicaire, — je vous suis extrêmement reconnaissant des sentiments de bienveillance que vous me témoignez et des conseils que vous me donnez.

« Le mémoire de mon accusateur est un tissu de mensonges et de falsifications. Sa publication est un délit que les lois punissent. Si j'étais seul intéressé, je garderais le silence (1) ; mais il y a deux procès pendants dont on a voulu compromettre le succès, et une question de liberté et de sûreté sacerdotale qu'on voudrait étouffer. Mon devoir est de soutenir fermement le droit et la justice. Je ne faiblirai ni ne reculerai, et nous verrons s'il est permis à un prélat de condamner les pièces de procédure qui ne lui sont pas favorables et de censurer, d'après un mémoire calomnieux et diffamateur, un prêtre qui fait son devoir et dont la conduite exempte de passion est conforme aux lois de l'Eglise et de l'Etat.

« Hier, j'ai envoyé à monseigneur mon appel au concile provincial. Soyez assez bon pour m'en faire accuser réception.

« J'ai l'honneur de vous prévenir que mes pouvoirs viennent de la grande-aumônerie et sont attachés à ma place, comme ceux des curés, ce qui a été reconnu par Mgr de Quélen, de vénérable et glorieuse mémoire. Vous ne serez donc pas surpris que je tienne pour non avenu un interdit simple. Procédez contre moi régulièrement : je me défendrai, en évitant le scandale autant qu'il sera en mon pouvoir.

« Je vous renouvelle, monsieur l'archidiacre, mes sentiments de reconnaissance, et vous prie d'agréer ceux de

(1) Je garderais *le silence,* à cause des difficultés inouïes qu'éprouve aujourd'hui un prêtre qui veut faire réformer les actes abusifs de son évêque, et aussi parce qu'il entre dans mes habitudes de me laisser sacrifier plutôt que de revendiquer mes droits personnels, lorsque j'appréhende que l'autorité ne se trouve compromise avec scandale.

profonde estime avec lesquels j'ai l'honneur d'être, etc. — Le 24 août 1854. »

En même temps, il écrivit au rédacteur en chef du journal *l'Univers* : « Monsieur le rédacteur, — avant d'insérer dans votre journal la lettre que je vous ai adressée au sujet de ma condamnation, vous avez cru devoir prévenir l'archevêché de Paris. Loin de vous savoir mauvais gré de cette attention, je vous en remercie.

« S'il ne s'agissait que de moi et de mes intérêts, je ferais comme j'ai déjà fait plusieurs fois, je me retirerais de la lutte; mais il s'agit de deux procès dont la poursuite m'a été confiée, et de l'indépendance dont le prêtre a besoin pour rendre son ministère utile : ma conscience ne me permet pas de reculer. *Veuillez donc publier sans retard* ma lettre et la faire précéder de celle-ci. — J'ai l'honneur d'être, etc. — Le 24 août, dix heures du matin. »

L'Univers n'a eu aucun égard à cette prière réitérée et pressante; mais le journal *la Vérité* inséra les deux lettres de M. l'abbé Prompsault dans un de ses numéros.

Ainsi, prévenu de la résistance que M. l'abbé Prompsault continuerait d'opposer à la conduite arbitraire des supérieurs ecclésiastiques qui se mettent au-dessus des canons et des lois concordataires, l'archevêché lui fit la notification qu'on va lire : « Monsieur l'abbé, — en condamnant vos écrits, Mgr l'archevêque avait déclaré qu'il suspendait, « à l'égard de votre personne, toute peine, dans l'espoir que vous vous empresseriez de vous soumettre et de désavouer tout ce qu'il y a de répréhensible dans les mémoires condamnés. »

« Vous avez été averti des conséquences qu'amènerait une conduite contraire. Loin de donner aucune preuve de soumission, vous avez inséré dans les journaux des pièces qui vous placent, en face du public, dans un état de résistance manifeste. Cependant nous avons attendu quelques jours, pour que vous pussiez être ramené par vos propres réflexions à des dispositions meilleures. Cette situation ne peut pas durer. En conséquence, je me vois dans la nécessité de vous déclarer que tous pouvoirs d'exercer le saint ministère dans le diocèse de Paris vous sont retirés à dater de ce jour. Des mesures sont prises pour pourvoir au service de l'hospice des Quinze-Vingts. — Recevez, monsieur l'abbé, l'assurance de mon intérêt. (*signé*) L. Buquet. — Le 8 septembre 1854.»

Après avoir lu cette déclaration par laquelle un tribunal de première instance et suspect, avec d'autant plus de raison qu'il se fait juge dans sa propre cause, veut enlever à celui qu'il a condamné la faculté de se pourvoir contre sa condamnation, en le contraignant de l'accepter sous peine de perdre son emploi et son existence, M. l'abbé Prompsault se pourvut contre elle par appel au concile provincial et par recours en cas d'abus au conseil d'Etat.

L'archevêché, qui a sans doute quelque raison de donner à ses actes la plus grande publicité possible, pria le journal *l'Univers* d'annoncer qu'il avait retiré à M. l'abbé Prompsault les pouvoirs d'exercer le saint ministère dans le diocèse de Paris, ce que ce journal n'a pas négligé de faire, complétant ainsi la diffamation et la rendant aussi préjudiciable qu'elle pouvait le devenir.

Alors M. l'abbé Prompsault s'est retiré à la campagne, en attendant que le conseil d'Etat prononce ou QUE L'EMPEREUR AVISE : car, aux yeux de qui considérera attentivement les faits que nous venons d'exposer, ce ne sont pas simplement les droits sacrés de la défense qui sont méconnus par M. l'archevêque de Paris, mais encore :

1° Ceux que l'Eglise accorde à tous ses membres, clercs ou laïques, contre une domination et une oppression que l'Evangile et les lois condamnent ;

2° Ceux du souverain sur les matières bénéficiales concordataires ;

3° Ceux du conseil d'Etat ;

4° Ceux de l'hospice impérial des Quinze-Vingts.

Avant d'accomplir cet acte, M. l'abbé Prompsault a pu dire avec autant de raison et non moins de sincérité que Mgr l'archevêque de Paris, en 1853 :

« J'en ai calculé les suites. Il m'a paru plein de difficul-
« tés, mais indispensable. Je me fusse abstenu, si je savais
« sacrifier ma conscience à ma tranquillité ; mais j'ai cru

« qu'il fallait sauver les principes au risque de contrister les « personnes, et j'ai défendu l'Eglise dans sa hiérarchie sans « avoir la prétention de faire plaisir aux partis. » (Lettre de Mgr l'archevêque de Paris déférant au Saint-Siége la lettre circulaire de Mgr l'évêque de Moulins touchant la lecture de *l'Univers*, 9 mars 1853.)

POURVOI.

M. l'abbé Prompsault s'est donc pourvu par recours en cas d'abus et se pourvoit de nouveau :

1° Tant contre l'ordonnance de Mgr l'archevêque de Paris, en date du 10 août 1854, qui condamne deux de ses mémoires consultatifs, l'un en faveur de M. l'abbé Bordier, prêtre du diocèse d'Angers, l'autre en faveur de M. l'abbé Régnier, curé de Salbris, diocèse de Blois, que contre l'extrait de rapport dont elle est précédée;

2° Contre la déclaration de retrait de pouvoirs qui lui a été notifiée par lettre du 8 septembre, même année.

§ 1er.— *Abus contenus dans l'ordonnance de Mgr l'archevêque de Paris ou dans l'extrait de rapport qui la précède.*

Premier abus. — L'ordonnance de Mgr l'archevêque de Paris, quoique disciplinaire, n'a pas été précédée des formes de procédure exigées par les canons et nos lois.

On distingue deux espèces de juridiction épiscopale : la juridiction volontaire et la juridiction contentieuse.

Les actes de la juridiction volontaire ne sont assujétis qu'à une simple information, suffisante néanmoins pour éclairer convenablement la conscience du prélat; ceux de la juridiction contentieuse, du nombre desquels se trouvent toutes les ordonnances portant condamnation ou censure publique, sont, au contraire, soumis aux formes judiciaires prescrites par les canons et les lois. Ils ne peuvent pas s'en écarter. Cela est suffisamment démontré dans la seconde consultation de M. l'abbé Prompsault pour M. l'abbé Régnier, p. 10 à 18, 26 à 29, 30 à 42, 57 à 59. Nous y renvoyons pour ne pas répéter des choses déjà dites au conseil d'État et aussi parce que nous avons répondu là à toutes les objections faites sur ce point tant par Mgr l'évêque de Blois que par le métropolitain lui-même et par le ministre des cultes ; nous mettrons seulement ici deux textes nouveaux du droit canon choisis parmi cent autres pareils : « Peut-on donner le nom de sentence à une décision de juge rendue avec précipitation, et non avec maturité, contre un absent qui n'a été ni légalement cité ni entendu, ni par conséquent défendu? » (Clémentines, l. II, t. II, c. 2.) « Qu'aucun absent ne soit jugé, parce que les lois divines et humaines le défendent. » (Décret de Grat., 2e part., caus. 3, q. 9, c. 13.).

La discipline reçue en France veut que, dans les procès criminels de toute nature, le juge ecclésiastique instruise et juge selon les formes prescrites par les lois civiles. (Fevret, *Traité de l'abus,* l. I, ch. 9, nº 4, et l. VIII, ch. 3, nº 1.)

Mgr l'archevêque de Paris n'a-t-il pas dit lui-même, aux applaudissements de tout le clergé : « Nos mœurs veulent aussi que la justice civile, et surtout la justice criminelle, se rendent avec appareil et soient environnées de nombreuses formalités favorables *à la vérité et à l'innocence.* Les formalités observées avec une rigoureuse exactitude par les tribunaux ont concilié à la magistrature une haute considération : de telle sorte qu'on peut dire peut-être que, de tous les pouvoirs de l'Etat, c'est celui qui a le moins perdu dans le respect des peuples. Pourquoi la justice ecclésiastique n'adopterait-elle pas ou plutôt ne reprendrait-elle pas quelques-unes de ces formes que les tribunaux séculiers lui ont empruntées? Les intérêts sur lesquels elle a à prononcer ne sont-ils pas assez graves, ET L'HONNEUR DU PRÊTRE NE DEMANDE-T-IL PAS A ETRE TRAITÉ AU MOINS AVEC AUTANT D'ÉGARDS QUE L'HONNEUR DES CITOYENS? (Ordonn. 5 déc. de 1848.)

« L'absence de formes tutélaires, déterminées d'avance, dans le gouvernement ecclésiastique serait d'autant plus choquante qu'on ne manquerait pas de remarquer, avec vérité, que c'est à l'esprit chrétien en général, et aux formes du gouvernement ecclésiastique en particulier, que les sociétés modernes sont principalement redevables de ce qu'il y a de plus libéral dans leur constitution et de plus humain dans leurs lois. » (Instit. diocès., t. 1, avant-propos, p. 10.) (Voy. lois et act. lég. p. 7.)

Ces réflexions sont d'autant plus remarquables que Mgr l'archevêque de Paris les a faites avec la conviction erronée que, par le concordat de 1802, les Eglises de France ont été reconstituées en dehors du droit ecclésiastique commun et avec perte de leurs libertés, droits et louables coutumes, n'ayant bien compris ni les articles 1 et 16 du concordat, ni l'article organique VI, ni les paroles cependant si claires de Portalis parlant au nom du gouvernement : « Quand une religion est admise, on admet par raison de conséquence *les principes et les règles d'après lesquels elle se gouverne.* »

L'abus provenant de l'absence des règles judiciaires consacrées par les canons reçus en France et par nos lois concordataires n'est donc pas douteux, et mérite d'être sévèrement réprimé.

2e abus. — Mgr. l'archevêque de Paris a rendu son ordonnance seul.

Le droit canon, conforme sur ce point comme sur tous les autres, au véritable esprit de l'Eglise, ne veut pas que l'évêque puisse prononcer seul en matière criminelle. Il y a dans la seconde partie du décret de Gratien, cause 15e, question 7e, sept canons renfermant chacun la même prohibition, en termes différents. Le premier se trouve parmi les lois et actes législatifs que nous avons mis en tête de ce mémoire. Voici le sixième qui est le plus court, ce qui nous porte à le citer de préférence aux autres: « Que l'évêque n'entende la cause d'aucun sans la présence de ses clercs, autrement la sentence de l'évêque sera nulle, si elle n'est confirmée par la présence des clercs : *Episcopus nullius causam audiat absque præsentia suorum clericorum : alioquin irrita erit sententia episcopi, nisi clericorum sententia confirmetur.*

Quelques-uns ont cru que l'article organique XV reconnaissait à l'évêque le droit de juger seul : c'est une erreur dans laquelle ils ne seraient pas tombés, s'ils avaient fait attention que cette manière inouïe de procéder, quoi qu'en pense l'auteur des Institutions diocésaines, est essentiellement contraire aux constitutions divines de l'Eglise de Jésus-Christ, et que par le concordat, la religion catholique ayant été reconnue telle qu'elle est et l'exercice public de son culte ayant été autorisé sans restriction ni modification, les articles organiques du concordat ne peuvent rien contenir de contraire à ces stipulations. D'ailleurs ce n'aurait pas été au moment où l'Etat adoptait cette sage mesure, pour les causes criminelles civiles, que le gouvernement aurait entrepris de la supprimer dans l'Eglise, à laquelle il rendait sa protection. Où en serions-nous, s'il était permis à un homme qui n'est ni infaillible, ni exempt de passion, de prononcer seul sur le sort des prêtres qui travaillent à l'œuvre sainte du Seigneur, sous sa surveillance et sa direction? — L'abus est ici aussi certain que dangereux. Il y a, comme dans le cas précédent, infraction des canons reçus en France et contravention aux lois concordataires.

3e abus. — Mgr. l'archevêque de Paris a rendu son ordonnance sur un acte d'accusation qui n'est pas signé.

Le droit canon ne permet pas de recevoir comme accusateurs le juge lui-même, les ennemis de l'accusé, les personnes infâmes, les excommuniés et les hérétiques. De là vient que en tête du titre 1er sur les accusations, le pape Grégoire IX a mis ce canon : « Si l'accusateur n'est pas légitime, qu'on ne fatigue point l'accusé : ***Si legitimus non fuerit accusator, non fatigetur accusatus.*** (Décrétal., l. 5, t. I, c. 1.)

Et que, dans le décret de Gratien, 2e partie, cause 2, question 1e se trouve le canon suivant : « Qu'il ne soit rien fait contre un accusé quelconque sans un légitime et idoine accusateur; car notre Seigneur Jésus-Christ sçavoit bien que Judas étoit un voleur, mais il ne le rejeta point, par la raison qu'il n'étoit pas accusé : ***Nihil contra quemlibet accusatum, absque legitimo et idoneo accusatore fiat; nam et Dominus noster Jesus Christus Judam furem esse sciebat : sed quia non est accusatus, ideo non est ejectus.*** » (Can. 4.) Des décisions pareilles se trouvent dans la question 9e, cause 3.

Le pape Grégoire IX a inséré dans ses décrétales (l. 2, t. III, c. 1.) la décision suivante tirée d'un concile tenu à Soissons l'an 854 : « L'évêque Hincmar dit : Avez-vous un libelle de requête ou demande ? Ils répondirent qu'ils n'avaient entre les mains aucun libelle. L'évêque Hincmar dit : Il faut selon l'autorité ecclésiastique libeller votre requête et la présenter au synode MUNIE DE VOTRE SIGNATURE, *eamque vestris manibus roboratam synodo porrigere*, afin qu'il puisse alors vous répondre canoniquement. »

Notre Code d'instruction criminelle a été rédigé dans le même esprit et contient des dispositions analogues (art. 1er). Aussi les articles 31 et 224 prescrivent-ils la signature des dénonciations et de l'acte d'accusation.

Cette signature est nécessaire non-seulement pour que l'accusé puisse exercer son droit de récusation, mais encore pour donner à un acte si important les autres garanties dont il a besoin. Il n'y a que le tribunal affreux de l'inquisition qui permette au dénonciateur et à l'accusateur de rester dans l'ombre.

Mgr l'archevêque de Paris a donc fait une chose souverainement répréhensible et contraire aux lois comme aux canons en souffrant que le dénonciateur et accusateur de M. l'abbé Prompsault ne se fît point connaître et en prononçant une condamnation sur des inculpations qui ne lui offraient pas de garanties suffisantes de véracité.

4e abus. — Cet acte d'accusation qui n'a pas été communiqué à l'accusé n'est publié que par extrait.

Quels motifs peut avoir eus Mgr l'archevêque de Paris de mutiler l'acte sur lequel il a condamné et censuré un prêtre recommandable, au moins par ses longs services, et un écrivain ecclésiastique à qui personne encore n'a reproché d'écrire avec légèreté, ou de mauvaise foi. Ce n'est certainement pas aux dépens de sa sentence qu'il a dérobé à l'accusé et au public une partie de l'accusation ; il est donc permis de croire que c'est aux dépens de M. l'abbé Prompsault et dans le dessein de rendre sa justification moins facile. Mais ces choses-là sont-elles selon nos mœurs ? Sont-elles selon nos lois? L'Eglise les tolère-t-elle? Le quatrième concile de Latran (c. 3) veut que tout soit écrit et conservé dans les procédures ecclésiastiques. (Voy. consult. Régnier, p. 41.) Le concile de Trente ordonne à l'appelant de produire devant le juge d'appel tous les actes de la première instance (Sess. 13, ch. III de la réf.) : ce qui est indispensable dans l'intérêt de la justice, et ne peut être fait qu'autant que ces actes sont intégralement conservés. Un acte d'accusation consciencieusement fait ne doit rien contenir d'étranger à la cause, et, quelle que soit la manière dont il a été fait, il ne contient rien que l'accusé n'ait besoin de connaître. Sa mutilation par le juge lui-même avant de le communiquer est un acte d'iniquité ou de stupide ignorance, qui, outre la violation la plus criante des canons et des lois, constitue de plus une oppression intolérable.

5e abus. — L'acte d'accusation est évidemment mensonger et calomnieux.

L'accusateur raconte que M. l'abbé Régnier, curé de Salbris, déposé par sentence épiscopale du 8 mai 1849, appela de cette sentence à Mgr l'archevêque de Paris; que Sa Grandeur l'envoya se pourvoir devant le Saint-Siége, se réservant de juger l'affaire au fond si elle était renvoyée par le Saint-Siége à la juridiction métropolitaine. Il donne à entendre que l'arrêté du président de la république fut rendu après que le métropolitain eut prononcé, ainsi que cela aurait dû être (p. 1 et 3). — Cependant il n'est pas permis d'ignorer, à l'archevêché de Paris, que l'arrêté du président de la république fut rendu avant même que la sentence de déposition eût été notifiée au curé de Salbris, que cette sentence ne lui fut point remise, qu'il se pourvut devant le métropolitain, par acte du 30 juillet 1849, pour obtenir de lui, par les voies de droit, que son évêque fût contraint de lui en délivrer expédition; que, s'il se pourvut quelques jours après contre cette sentence, dont il ne connaissait que le dispositif, et qu'il lui était impossible de produire en justice, ce ne fut que par précaution et pour qu'on ne rejetât point son appel comme n'ayant pas été formé en temps opportun, lorsque le moment de s'en occuper serait venu; que ces appels furent formés non pas auprès de l'archevêque, mais auprès de l'officialité métropolitaine; que l'officialité métropolitaine laissa de côté le premier appel, qui était le seul dont elle eût à s'occuper et dont elle pût s'occuper, puisque la sentence épiscopale de destitution n'était pas plus entre ses mains qu'entre celles de M. l'abbé Régnier; qu'elle le jugea après avoir entendu l'évêché de Blois et non M. l'abbé Régnier; qu'elle renvoya M. l'abbé

Régnier devant le Saint-Siége pour se débarrasser de lui, ainsi que le prouvent les paroles mêmes du considérant, et qu'elle ne pouvait pas s'attendre à ce que le Saint-Siége lui renvoyât l'affaire pour la juger au fond, puisque, selon elle, *il paraîtrait* que le Saint-Siége se réserve *la connaissance immédiate et l'appréciation des procédures et sentences du genre de celle-là.*

Tout a donc été sciemment et volontairement falsifié par l'accusateur de M. l'abbé Prompsault, dans l'exposé des faits relatifs à l'affaire de M. le curé de Salbris, et falsifié dans le but évident de pallier la conduite si abusive de l'officialité métropolitaine et d'indisposer l'archevêque de Paris contre M. l'abbé Prompsault. Nous allons voir que ce bienveillant accusateur est constant dans ses principes et persévérant dans ses habitudes.

Selon lui, M. l'abbé Prompsault « a dépassé les bornes d'une consultation canonique, d'abord en se permettant des inculpations injurieuses et calomnieuses contre les évêques, ensuite en établissant des maximes fausses, des principes dangereux sur la discipline de l'Eglise, et en portant atteinte à l'indépendance de l'autorité spirituelle des premiers pasteurs. »

« C'est à ce double point de vue seulement, continue-t-il, que nous avons examiné les consultations de M. l'abbé Prompsault; nous n'avions pas à discuter ici, en eux-mêmes, les actes de l'autorité épiscopale et métropolitaine dont il s'occupe (p. 2). »

— Oh! l'honnête homme! Il accuse M. l'abbé Prompsault d'avoir injurié et calomnié les évêques en discutant leurs actes. Pour le prouver et motiver consciencieusement la condamnation qu'il demande, il va laisser ces actes de côté. — Mais, monsieur l'accusateur, s'il se trouvait que ces actes fussent tellement abusifs que, quoi que ce soit qu'on se permette d'en dire, on ne pourra jamais le prendre pour une injure, et encore moins pour une calomnie? — Raison de plus pour ne pas nous en occuper. — Mais, monsieur, si vous isolez les paroles et les réflexions de M. l'abbé Prompsault des faits qui les ont suggérées et auxquels elles se rapportent naturellement, elles n'auront plus le sens et la portée qu'elles ont dans la consultation maudite qui paraît peser sur votre poitrine comme un cauchemar? — Tant mieux, il sera plus facile de les incriminer. — En ce cas, monsieur, faites votre métier : incriminez. On vous permettra de garder l'anonyme.

Ce qui prouve sans réplique que M. l'abbé Prompsault injurie et calomnie les évêques, c'est : 1° « Qu'il se plaint fréquemment du despotisme des évêques et de l'oppression *où* gémissent les prêtres livrés à l'arbitraire; 2° qu'il se plaint des destitutions d'emploi, si communes aujourd'hui, dit-il, pour le malheur du prêtre et des paroisses; 3° qu'il dit, au sujet de l'affaire du curé de Salbris, que l'autorité s'est plus préoccupée du soin de justifier ses actes que de celui de faire respecter les droits sacrés de la justice; 4° que, selon lui, jamais le pouvoir des évêques n'a été si exorbitant et jamais il n'a été si peu respecté, preuve que ce n'est pas en permettant de violer les lois de la discipline ecclésiastique qu'on peut fortifier l'autorité, l'opprimé passant aisément du respect au mépris; 5° que, selon lui encore, le gouvernement s'est contenté jusqu'ici de laisser faire les évêques, au détriment de la discipline et du bien de l'Eglise; 6° que, au lieu de s'occuper directement de l'ordonnance de Mgr l'archevêque de Paris, dans l'affaire Régnier, il examine une lettre dans laquelle Sa Grandeur avait dû considérer la question non pas au point de vue du droit canonique, mais d'après les règles du droit civil et la jurisprudence du conseil d'Etat, et dénature la pensée qui a dicté cette lettre, prenant dans un sens absolu ce qui a été dit dans un sens relatif, et surtout accusant l'archevêque de Paris d'avoir substitué l'autorité des jurisconsultes à celle des théologiens et des canonistes dans une question de droit ecclésiastique (p. 3 et 4).

Or, des plaintes fréquentes que M. l'abbé Prompsault est accusé d'avoir faites contre le despotisme des évêques et l'oppression dans laquelle gémissent les prêtres livrés à l'arbitraire, aucune n'est spécifiée par lui. Nous venons de relire les deux consultations qu'il incrimine, nous n'en avons rencontré aucune. Il paraît que Mgr l'archevêque de Paris lui-même n'en a pas rencontré non plus, car il reproche simplement à l'auteur « d'avoir manqué gravement au respect et à la justice qu'il devait à des évêques EN PARLANT d'arbitraire et de tyrannie au sujet de leurs actes, » délit d'une nouvelle espèce et bien différent de celui que l'accusateur avait fréquemment rencontré en faisant ses recherches.

M. l'abbé Prompsault a dit : « Nos lois civiles, d'accord avec les canons, ne permettent pas les destitutions d'emploi, si communes aujourd'hui pour le malheur du prêtre et des paroisses. » Il a fallu quelque chose de plus à l'accusateur anonyme que sa bonne volonté ordinaire pour découvrir là une plainte. Quand même cette expression d'un droit sacerdotal et cette assertion simple d'un fait malheureusement trop certain renfermeraient une plainte, en quoi cette plainte si légitime serait-elle calomnieuse, et, si elle n'est pas calomnieuse, comment deviendrait-elle injurieuse ?

M. l'abbé Prompsault a déjà fait remarquer, dans sa première lettre à M. le rédacteur de *l'Univers* (p. 12), qu'il n'a pas dit d'une manière absolue et positive « que l'autorité s'est plus préoccupée du soin de justifier ses actes que de celui de faire respecter les droits sacrés de la justice ; » mais qu'il a été amené à le dire par voie de conséquence et l'a dit de manière à laisser dans le doute ce qu'il aurait pu affirmer. Si ses paroles avaient été rapportées telles qu'elles sont, on aurait vu que, au lieu d'aggraver, il atténue, et que, par conséquent, au lieu de calomnier et d'injurier les évêques, il fait tout ce qu'il lui était permis de faire pour les disculper ; mais ce n'est pas ce qu'il fallait à l'accusateur.

Dire que « jamais le pouvoir des évêques n'a été si exorbitant, » c'est répéter en quatre mots ce que d'autres ont dit très longuement et ce que personne ne contredira : il ne doit y avoir là ni injure ni calomnie. Ajouter que « jamais il n'a été si peu respecté » ne pourrait être injurieux et calomnieux que pour les prêtres et les fidèles. Conclure que « ce n'est pas en permettant de violer les lois de la discipline ecclésiastique qu'on peut fortifier l'autorité, » c'est simplement prouver à Portalis et au conseil d'Etat qu'ils sont dans l'erreur en pensant que « *quelques injustices* ne peuvent balancer l'inconvénient plus grand d'affaiblir le nerf de la discipline ecclésiastique en favorisant trop les inférieurs. » Il n'y a donc rien dans tout cela qui ressemble à une injure ou à une calomnie.

M. l'abbé Prompsault donna en 1849, sur la sentence

de l'officialité métropolitaine, une consultation qui fut convertie en mémoire par l'avocat du curé de Salbris. Il n'a été consulté cette fois-ci que sur des pièces dont deux viennent de cette même officialité et sont, la première un avis en date du 1er juin 1850, et la seconde une lettre en date du 5 mars **1851**. C'est de l'avis et non de la lettre qu'a été tirée la proposition dont, au dire de l'accusateur, M. l'abbé Prompsault aurait volontairement dénaturé la pensée, comme si un jurisconsulte charitable et complétement désintéressé pouvait avoir quelques motifs de compromettre sa réputation et l'affaire sur laquelle on le consulte en usant de pareils moyens !

M. l'abbé Prompsault s'est appliqué à reproduire la pensée de l'officialité métropolitaine de Paris aussi exactement qu'il l'a pu. Il l'a discutée au point de vue du droit civil ecclésiastique, le seul qui régisse les actes du conseil d'Etat.

Il aurait fait dire à l'officialité métropolitaine, dans un sens absolu, que les évêques et archevêques n'ont plus de juridiction contentieuse, et que la juridiction épiscopale et archiépiscopale s'exerce sans forme de jugement; que, loin de lui prêter un langage scandaleux, il l'aurait fait parler au contraire comme l'évêque, dont elle exerce la juridiction. Ce prélat, qui n'a pas été, ainsi que le lui dit complaisamment l'accusateur de M. l'abbé Prompsault, le premier en France à donner l'exemple du rétablissement des officialités, mais qui a soutenu en effet, dans ses écrits, les droits de l'Eglise, sa juridiction, son indépendance, dit : « Depuis le concordat de 1801, l'absence de toute procédure déterminée pour le jugement des clercs n'a plus fait dépendre les accusés *que de leur conscience de juges et de leurs lumières*. L'évêque a donc été non-seulement *de droit, mais de fait*, chef, pasteur et juge unique de son clergé, et, sauf quelques cas très rares, NULLE LIMITE EXTÉRIEURE n'a été posée à l'exercice de son autorité spirituelle (Institut. dioc., t. I, p. 405), » doctrine qui ne tend à rien moins qu'à mettre l'évêque à la place de l'Eglise, c'est-à-dire à changer complétement la constitution ecclésiastique que Dieu lui-même a donnée, que tous les siècles ont reconnue, que tous les gouvernements ont respectée, qu'il n'était permis ni à Pie VII ni au premier consul d'altérer et qu'ils n'altérèrent pas, ainsi que le montrent les citations du rapport de Portalis que nous avons mises parmi les actes législatifs, et que M. l'abbé Prompsault l'a prouvé dans sa consultation pour M. l'abbé Régnier (p. 10 à 13).

Avant de répondre à une des allégations du métropolitain, M. l'abbé Prompsault s'écrie : « Ne dirait-on pas, lorsqu'on entend l'autorité ecclésiastique invoquer de pareilles autorités, que les ministres de l'Empereur ont remplacé parmi nous les Pères de l'Eglise et que le conseil d'Etat est investi aujourd'hui de l'autorité souveraine qu'avaient jadis les conciles? » Et avant de répondre à une autre de ces allégations : « Voici encore une fois l'autorité des jurisconsultes civils substituée par le métropolitain à celle des théologiens et des canonistes dans une question de droit ecclésiastique! »

Ces deux réflexions, suffisamment justifiées par le texte même des allégations et nécessitées par l'intérêt de la défense, auraient peut-être quelque chose de blessant pour l'amour-propre de l'archevêque, si ce n'était pas son officialité métropolitaine qui est en cause; mais elles ne contiennent ni injure ni calomnie. Il a fallu, pour leur donner un air d'inconvenance, que l'accusateur les réunît et en formât un seul tout, en ayant soin de supprimer dans la seconde ces mots : « Voici encore une fois, » et d'y ajouter le verbe « est. » C'est ainsi qu'on peut faire pendre un homme moyennant deux lignes de son écriture.

Il nous semble établi, par la discussion à laquelle nous venons de nous livrer, que, sur le premier chef, l'accusateur de M. l'abbé Prompsault n'a produit que des assertions mensongères ou calomnieuses. Passons au second.

Selon lui, M. l'abbé Prompsault invoque des principes qui tendraient à fausser les rapports hiérarchiques des prêtres avec leur évêque, et à faire méconnaître la divine constitution de l'Eglise en portant atteinte à l'indépendance de l'autorité spirituelle des premiers pasteurs (p. 2 et 4).

Il en signale onze : nous allons les examiner après lui.

1° « Les prêtres, aujourd'hui, paraissent manquer à leur devoir quand ils osent formuler des plaintes contre leur évêque. Il y a loin, sans doute, de cette discipline à celle dont le droit canon constate l'existence lorsqu'il dit : Les évêques sauront qu'ils sont plus grands que les prêtres plutôt par suite de l'usage que par une véritable institution divine, et qu'ils doivent gouverner l'Eglise en commun avec eux (Cons. Bordier, p. 18). »

Nous ferons remarquer d'abord que ceci n'est ni un principe ni une maxime, mais une simple réflexion à la suite d'un fait produit dans la consultation donnée à M. l'abbé Bordier.

L'accusateur la qualifie de proposition injurieuse aux évêques, en ce que, dit-il, elle suppose qu'ils blâment tous les prêtres qui oseraient formuler une plainte contre eux, quand même cette plainte serait autorisée par les saints canons et se produirait sous une forme respectueuse. D'abord cette phrase n'est injurieuse pour personne, par la raison qu'elle s'applique à tout le monde et ne fait qu'exprimer une opinion généralement reçue; ensuite, la supposition de l'accusateur n'est qu'un embellissement de sa façon.

Il ajoute « qu'elle est fausse en ce qu'elle donne comme expression authentique du droit canon un texte, inséré, il est vrai, dans le décret de Gratien, mais qui n'est que le texte d'un auteur particulier, dont les ennemis de la hiérarchie ecclésiastique ont toujours abusé, à la suite de Calvin et des presbytériens. » Cet anonyme-là sait tout et n'oublie rien, s'il fait intervenir Calvin, les presbytériens et les ennemis de la hiérarchie, s'il dit que M. l'abbé Prompsault donne pour texte authentique du droit canon ce qu'il cite simplement comme étant contenu dans le droit canon, s'il refuse aux paroles de saint Jérôme le privilége d'être l'expression tout aussi authentique du droit canon que les autres paroles des pères et docteurs de l'Eglise recueillies par Gratien, s'il met sur le compte de M. l'abbé Prompsault ce qui appartient à saint Jérôme lui-même, s'il n'a pas confondu dans le même anathème ces paroles du 4e concile de Carthage : « Que dans l'Eglise et dans l'assemblée des prêtres l'évêque ait un siége plus élevé, mais que, dans la maison privée, il sache qu'il est le collègue des prêtres, » paroles citées en même temps que celles de saint Jérôme, pour les expliquer et les appuyer; s'il insinue que les conciles, saint Ignace, saint Cyprien, ont enseigné le contraire de ce qu'enseigne saint Jérôme, c'est uniquement parce qu'il avait besoin de présenter les choses ainsi pour donner un fondement apparent à son incrimination.

2° « Ce n'est pas l'évêque qui appelle les prêtres de son diocèse, ils lui sont présentés par son Eglise..... Le droit canon lui défend de faire des ordinations sans le concile des clercs, l'assentiment et le témoignage des fidèles..... On ne peut donc raisonnablement admettre qu'il puisse seul, et sans le consentement exprès de son clergé, ou tout au moins du conseil dont les canons veulent qu'il soit assisté, priver le diocèse d'un membre que le diocèse lui-même a choisi, qui lui appartient, et qui ne peut appartenir qu'à lui. » (Consult. Bordier, p. 9.)

— Ces paroles, dans la consultation de M. l'abbé Prompsault, viennent à la suite d'une proposition ainsi conçue : « L'évêque n'est pas plus le propriétaire ou le maître des prêtres de son diocèse qu'il ne l'est des autres choses, » et lui servent de preuves. Les preuves alléguées de bonne foi sont susceptibles d'être rejetées, mais non d'être incriminées. Serait-ce la raison pour laquelle l'accusateur de M. l'abbé Prompsault a converti celles-ci en principes?

Non content d'avoir opéré cette métamorphose, il a encore mutilé le texte. Ainsi, M. l'abbé Prompsault a dit : « Ce n'est pas lui qui les appelle. Ils lui sont présentés par son Eglise : — Très révérend père, lui dit l'archidiacre, la sainte mère l'Eglise catholique demande que vous ordonniez prêtres ces diacres ici présents (pontif. latin). Le droit canon lui défend de faire des ordinations de clercs sans le concile des clercs, l'assentiment et le témoignage des fidèles. » (Décret de Grat., 1re part., dist. 24, can. 6.) Il supprime la première de ces deux autorités, isole l'autre, traduit le mot latin *concilium* (concile) par consulter, et arrive ainsi tant bien que mal à pouvoir dire, sans se compromettre trop évidemment, que la conséquence tirée par M. l'abbé Prompsault est une proposition téméraire qui blesse les droits incontestables des évêques, et que sa conclusion est fausse.

3° « L'Eglise a voulu que chaque diocèse se choisît lui-même son premier pasteur, et que chaque paroisse pût agréer ou rejeter le pasteur secondaire qui lui était envoyé, discipline qu'on a eu tort de modifier, mais qui l'a été sous François Ier. » (Consult. Regnier, p. 67.)

« Proposition fausse, dit l'accusateur, en ce qui concerne le choix des évêques, qu'elle suppose avoir été abandonné par la volonté de l'Eglise à chaque diocèse, tandis qu'il *dépendait principalement* des évêques comprovinciaux et du métropolitain, avant qu'il fût déféré au chapitre de l'Eglise. » — L'iniquité se trahit elle-même. Avant que l'élection des évêques ne fût remise au chapitre, qui n'est autre chose que le sénat de l'Eglise diocésaine agissant en son nom et pour elle, surtout en l'absence de l'évêque, elle dépendait donc principalement des évêques comprovinciaux et du métropolitain; mais par qui était-elle faite? Sur quoi repose la doctrine du concile de Reims en 1049 (can. 1er), « Que personne ne soit promu sans l'élection du clergé et du peuple au régime ecclésiastique; » celle des capitulaires de Charlemagne et de Louis-le-Débonnaire, en 803 (l. I, c, 84); celle de saint Grégoire-le-Grand, dans sa lettre au diacre Jean, au sujet de l'évêque élu de Milan; celle du concile d'Arles, en 412; celle du concile de Sardique, en 347 (can. 2 et 5); celle de saint Cyprien (l. I, ep. 3 et 4), celle des Actes des Apôtres, etc., et de tant d'autres conciles, Pères de l'Eglises ou écrivains ecclésiastiques, qui tous ont supposé ou enseigné que cette élection appartenait au diocèse?

Selon lui, elle est fausse encore en ce qui concerne le droit qu'auraient eu les paroisses d'agréer ou de rejeter le pasteur secondaire qui leur était envoyé par l'évêque. M. l'abbé Prompsault n'a pas la prétention de savoir tout et de ne jamais se tromper. Le droit des paroissiens lui a paru dériver de celui des diocésains, et être confirmé par des usages qui ont laissé des vestiges en Occident et qui se sont conservés jusqu'à ce jour en Orient, comme aussi par plusieurs textes du droit canon et entre autres par celui-ci : « Que nul dans l'Eglise, où se trouvent deux ou trois frères en congrégation, ne soit élu prêtre, si ce n'est par leur élection canonique. *Nullus in Ecclesia, ubi duo vel tres fratres fuerint in congregatione, nisi eorum electione canonica presbyter eligatur.* » (Décrétal. de Grég. IX, l. I, t. 6, c. 1.) S'il est dans l'erreur, il ne fera nulle difficulté de l'avouer et de corriger ce passage de sa consultation pour M. l'abbé Régnier.

Lorsqu'il blâme le concordat de 1516, il est d'accord avec l'ancien clergé, la noblesse et le tiers-état, c'est-à-dire avec la France tout entière, sauf le roi. Tout autre qu'un accusateur anonyme aurait peut-être excusé une pareille témérité.

4° « Une sentence de déposition contre un curé ne peut être prononcée régulièrement qu'après une procédure solennelle, une confrontation de témoins et des débats contradictoires. » (Consult. Régnier, p. 20.)

Cette proposition, que l'accusateur de M. l'abbé Prompsault qualifie d'inexacte, de contraire aux saints canons et téméraire, en tant qu'elle *avance d'une manière absolue* qu'il faut toujours une procédure solennelle et la confrontation des témoins pour déposer régulièrement un curé, est une proposition qu'il a faite lui-même pour son usage particulier, en détachant un membre de phrase de celui qui le précède. Voici ce qu'a dit M. l'abbé Prompsault : « Si l'enquête n'avait eu aucune suite, l'évêché de Blois pourrait être fondé à refuser les communications que M. l'abbé Régnier lui demande ; mais elle a été suivie d'une sentence de déposition qui n'a pu être prononcée régulièrement qu'après une procédure solennelle, une confrontation de témoins et des débats contradictoires, etc. » Que pensez-vous de ce procédé? M. l'abbé Prompsault parle d'un cas ordinaire, d'un cas déterminé; sa proposition est essentiellement et évidemment relative, l'anonyme la détache de son antécédent, lui fait prendre la forme absolue, et trouve ainsi le moyen de l'incriminer. Laubardemont ne devait pas mieux faire.

5° « Le conseil épiscopal n'est pas compétent pour prononcer une privation d'office et de bénéfice. » (Consult. Régnier, p. 24-25.)

Au dire de l'accusateur, cette proposition est fausse en tous points, par la raison 1° que les évêques ont pu acquérir par prescription le droit de juger et de punir les clercs de leurs diocèses, indépendamment du chapitre, et que cette coutume existe de temps immémorial ; 2° parce que l'évêque seul est juge dans les affaires ecclésiastiques; 3° parce que le concile de Trente ne requiert la présence de six assesseurs que pour la dégradation, et ne dit rien d'où l'on puisse inférer que l'évêque doive les choisir en dehors de son conseil ordinaire. — Mais, du droit de juger et de punir les clercs, en résulte-t-il nécessairement celui de les déposséder? et de ce qu'un droit a pu être acquis par une prescription légitime, s'ensuit-il qu'il puisse l'être contrairement aux lois? Le droit canon porte que, quelque grande que soit l'autorité de la coutume, elle ne préjudicie cependant point à la vérité ou à la loi. » (Décrétal. de Grég. IX, l. II, t. 17, c. 8); que la coutume contraire aux institutions canoniques ne doit être d'aucune valeur (*ib.*, l. I, t. 4, c. 3); que celle qui ne s'accorde pas avec les canons doit avec raison être réputée un désordre plutôt qu'une coutume. (*Ib.*, c. 7 et ailleurs.) Saint Cyprien disait avec non moins de raison « que la coutume sans la vérité n'est que l'ancienneté de l'erreur » (lettre à Pompée); et l'un des principes de notre législation est qu'on ne peut pas prescrire contre son titre (Code civil, art. 2240), principe qui était l'un des axiômes du droit romain adopté par l'Eglise. Or, l'évêque, étant l'exécuteur et non l'auteur des canons ecclésiastiques, ne peut jamais acquérir le droit de se mettre au-dessus des canons.

Du temps du concile de Trente, l'évêque n'avait encore qu'un seul vicaire général. En décrétant que l'évêque ou son vicaire général s'adjoindront six personnes ecclésiastiques constituées en dignité (sess. 13, ch. 4 de la réf.), ce concile nous semble cependant avoir assez clairement exclu le grand-vicariat de l'assession, comme, en disant que cette adjonction aura lieu non-seulement pour la dégradation, mais encore pour la déposition simple, il a ôté à tout homme de bonne foi le droit d'affirmer le contraire. (Voy. le concile de Trente, sess. 13, ch. 4 de la réf.)

6° « Si les évêques n'avaient pas d'officialité, ce serait un abus. » (Cons. Régnier, p. 43.)

M. l'abbé Prompsault parle des églises de France seulement, et, après avoir montré que leur discipline ne peut pas être aujourd'hui autre qu'elle était anciennement, sauf les modifications nécessitées par nos lois concordataires, il ajoute : « Si les évêques n'y avaient pas d'officialités, ce serait un abus. » Cette proposition est exacte ; mais, en la généralisant par l'isolement et la suppression de l'*y*, l'habile accusateur pouvait la rendre douteuse; il n'a pas voulu perdre le mérite de l'avoir fait.

Les canons, selon lui, n'imposent donc nulle part aux évêques l'obligation d'avoir une officialité : peu importerait à M. l'abbé Prompsault, puisqu'il n'a parlé que de la France et qu'il est certain qu'en France la discipline reçue imposait aux évêques cette obligation ; mais nous lisons dans l'acte du 5 décembre 1848, par lequel Mgr l'archevêque de Paris organise son officialité diocésaine : « Quand les conciles établirent que les évêques partageraient avec des vicaires ou officiaux l'exercice de leur juridiction, soit volontaire, soit contentieuse, ils en donnèrent pour motifs principaux l'étendue des diocèses et la multiplicité accablante des affaires. » On pourrait peut-être se demander comment il se fait que Mgr l'archevêque de Paris ait laissé subsister cette condamnation formelle de sa doctrine dans un acte qu'il publiait par extrait, s'il n'avait pas été dans la nécessité d'user de la même condescendance pour tout ce qu'il en conservait, et si, dans toute sa conduite envers M. l'abbé Prompsault, il ne s'était pas mis lui-même en contradiction avec ce qu'il a écrit sur la discipline ecclésiastique et statué pour les diocèses de Digne et de Paris.

7° « Si l'évêque avait le pouvoir de déposer un curé, *ex informata conscientia*, il jouirait d'un privilége anti-canonique, anti-chrétien, contraire aux règles de la saine raison, et il n'y aurait dans l'Eglise aucune garantie d'ordre, de justice, de stabilité. » (Cons. Régnier, p. 46.)

« Que l'évêque ne puisse pas, selon la discipline canonique, déposer un curé ni tout autre bénéficier par une décision prise *ex informata conscientia*, soit. » C'est l'accusateur lui-même qui fait cette concession, se mettant de nouveau en opposition directe avec la doctrine (voy. p. 29) et avec la conduite de Mgr l'archevêque de Paris : il faut que la force de la vérité soit bien grande ! Nous le remercions bien sincèrement de cette concession, et, pour lui donner des preuves non équivoques de notre reconnaissance, nous ne lui reprocherons ni d'avoir, dans la chaleur de la discussion, substitué l'expression *constitution de l'Eglise* au qualificatif *anti-canonique*, qui est celui que M. l'abbé Prompsault a employé, ni de refuser d'admettre que ce qui est de son aveu contraire à la discipline canonique soit antichrétien.

8° « Le concile de Trente n'a pas prévu le cas d'une suspense pour délit secret ou extrajudiciellement prononcé. » (Cons. Régnier, p. 48.)

On dit qu'une bonne action ne reste jamais sans récompense : ceci en serait la preuve. A peine le consciencieux anonyme nous a-t-il fait une concession qui a dû lui coûter beaucoup, qu'il met la main sur une proposition contraire, selon lui : 1° au sens naturel d'un décret du concile de Trente combiné avec le préambule qui en donne l'explication ; 2° à l'enseignement des canonistes ; 3° à l'interprétation constante donnée par la congrégation du concile ; 4° à la bulle *Auctorem fidei* : c'est avoir de la chance. Voyons ce décret et le préambule qui en donne l'explication.

Préambule. — « Comme il est proprement du devoir des évêques de reprendre les vices de tous les subordonnés, ils prendront garde surtout de ne pas tolérer que les clercs, et plus particulièrement ceux qui ont charge d'âmes, n'aient des habitudes criminelles ou ne mènent une vie déshonnête ; car, s'ils permettent qu'ils soient de mœurs dépravées et corrompues, comment reprendront-ils les laïques des vices qu'auront les clercs eux-mêmes sans s'exposer à être réduits au silence par cette observation, qu'ils laissent les clercs être pires ? Avec quelle liberté aussi les prêtres pourront-ils reprendre les laïques, lorsque leur conscience leur reprochera secrètement qu'ils commettent les mêmes désordres qu'eux ?

« En conséquence, les évêques AVERTIRONT leurs clercs, quel que soit leur ordre, de servir, par leur conduite, leurs discours et leur science, de modèle au peuple de Dieu confié à leurs soins, se souvenant de ce qui est écrit : Soyez saints, parce que moi je suis saint, et selon la parole de l'apôtre, de ne donner scandale à personne, afin que leur ministère ne soit point méprisé, mais se montrant en toute chose comme les ministres de Dieu, crainte que cette parole du prophète ne s'accomplisse en eux : Les prêtres de Dieu souillent les choses saintes et réprouvent la loi. »

Or, pour que les évêques puissent accomplir cela plus librement et n'en soient empêchés sous aucun prétexte, le même saint concile œcuménique et général de Trente, présidé par les mêmes légats du siége apostolique et nonces, a cru devoir statuer et décréter les canons qui suivent :

1er DÉCRET. — « Comme il est plus convenable et plus sûr que le sujet serve dans un ministère inférieur, en rendant à ses supérieurs l'obéissance due, que d'aspirer, au scandale des supérieurs, à la dignité des autres grades, nous voulons que nulle permission de se faire promouvoir, accordée contre la volonté de son prélat lui-même, ou la restitution en ses précédents ordres, grades et dignités ou honneurs, ne serve à celui auquel son prélat, pour un motif quelconque, même à raison d'un crime secret, aura interdit, ***de quelque manière que ce soit, même extrajudiciellement***, la promotion aux saints ordres, ou qui aura été suspendu de ses ordres, ou grades ou dignités ecclésiastiques. »

Il est évident, pour quiconque a des yeux pour voir et une intelligence pour comprendre, que l'adverbe ***extrajudiciellement*** complète le modificatif : de quelque manière que ce soit, et appartient exclusivement au verbe interdire. M. l'abbé Prompsault n'est pas, comme le laisse entendre son accusateur, le seul canoniste qui se soit aperçu de cette erreur d'interprétation (Institut. dioc., t. 1, p. 478). Que nous importe que d'autres l'aient commise? Est-ce que cela peut changer les règles de la grammaire et les lois du bon sens?

Le préambule, que nous avons littéralement traduit, appartient à tous les décrets de réforme faits dans la même session. Il en indique le motif sans rien expliquer de ce que chacun d'eux contient de particulier. On peut le lire et relire, le tourner et retourner en tous sens, on n'y verra nulle part que le modificatif du verbe interdire doive passer au verbe suspendre et lui servir de complément.

9° « Les actes d'immoralité et *de* sévices ne peuvent devenir des délits susceptibles d'être poursuivis qu'autant qu'ils auraient été publics, car un des axiômes du droit canon est que les tribunaux ecclésiastiques ne connaissent pas des fautes secrètes. » (Consult. Régnier, p. 54).

Il y a dans le texte ***les sévices.***

Selon l'accusateur, la proposition de M. l'abbé Prompsault est contraire aux saints canons et à la discipline de l'Eglise, qui juge et punit les délits occultes quand ils sont suffisamment constatés.

Nous savons fort bien que l'Eglise juge et punit les délits occultes; mais s'ensuit-il de là que les tribunaux ecclésiastiques, dont la juridiction est tout extérieure, aient dans leurs attributions la connaissance des fautes secrètes?

Après avoir essayé de donner le change sur ce point, l'accusateur essaie de le donner sur un autre. M. l'abbé Prompsault a cité un axiôme de droit canon et indiqué la source d'où les canonistes l'ont tiré. L'accusateur fait remarquer, avec sa franchise et sa bienveillance ordinaires, que ces paroles ne se trouvent pas ainsi disposées dans le chapitre du droit canon cité par M. l'abbé Prompsault, et que le pape Innocent III se borne à y dire que l'*Eglise n'a point à juger des intentions intérieures, Dieu seul ayant le secret des cœurs.*

Les choses seraient comme il l'affirme, que l'on ne pourrait pas incriminer la citation de M. l'abbé Prompsault; mais elles sont tout autrement. Il s'agit d'une convention simoniaque habilement dissimulée. Le pape répond qu'il lui est donné de juger seulement des choses manifestes, et que les contractants seront indubitablement condamnés comme coupables au tribunal de Dieu. (Décret. Grég. IX, l. 5, t. III, c. 34.)

10° Nous examinerons ce que l'accusateur appelle le 10e principe, lorsque nous discuterons le onzième abus.

11° « L'appel à Rome n'est pas praticable à raison des frais qu'il faudrait nécessairement faire pour le rendre utile, et d'ailleurs il n'existe pas d'exemple que, depuis 1802, Rome ait fait vider canoniquement, et suivant les formes voulues, les appels venus de France. » (Cons. Bordier, p. 23.)

Pour la première fois, la citation de l'anonyme est irréprochable. Il se dédommage de ce sacrifice, en se mettant un peu plus à son aise dans ses observations. Selon lui, affirmer un fait dont il ne conteste pas l'exactitude, c'est supposer que les souverains pontifes négligent ou ne veulent pas l'observation des règles canoniques, et conseiller de recourir à la protection du souverain pour faire déclarer l'abus des procédures irrégulières, afin de mettre ainsi les tribunaux ecclésiastiques dans la nécessité de juger selon les lois et les canons, c'est détourner ***sous de futiles prétextes*** les ecclésiastiques de suivre l'ordre prescrit par la divine constitution de l'Eglise. Quelle logique! On peut, avec raison, être saisi d'épouvante, quand on pense que les évêques en ce moment ne suivent d'autre guide que l'inspiration de leur conscience, et qu'ils ont de pareils hommes pour l'éclairer.

Cet acte d'accusation est, comme on le voit, un modèle de diffamation. C'est néanmoins sur un acte de cette nature, sur un libelle dans lequel il n'y a rien qui ne soit ou une altération de phrase, ou une falsification de sens, ou une interprétation malveillante, que Mgr l'archevêque de Paris a prononcé la sentence contre laquelle M. l'abbé Prompsault s'est pourvu! Il n'en faudrait pas davantage à notre avis, pour la faire déclarer abusive.

6e abus.—L'ordonnance rendue sur l'acte d'accusation que nous venons d'examiner a été rendue contrairement aux statuts donnés par l'archevêque de Paris lui-même à son diocèse.

Le 5 décembre 1848, Mgr l'archevêque de Paris actuel organisa par ordonnance son officialité, et fit à son clergé la déclaration suivante, conforme du reste aux principes qu'il professait à Digne: « Dès aujourd'hui, je sépare donc l'exercice de ma juridiction contentieuse de celui de ma juridiction volontaire, et je délègue la première à mon official, pour qu'il l'exerce en mon nom, et sous mon autorité, avec les prêtres qui lui seront adjoints. Réunis à l'official, ces prêtres formeront à la fois un tribunal ecclésiastique et un véritable conseil disciplinaire (p. 6). »

Par une circulaire du 30 du même mois, il annonça à son clergé l'organisation administrative qu'il venait d'établir, et lui apprit qu'à son officialité diocésaine revenaient toutes les affaires contentieuses (p. 3). « Les affaires contentieuses, ajoute-t-il, regardent l'official qui les traite selon les formes de la procédure que nous avons établie (ib.). »

L'accusation portée contre M. l'abbé Prompsault aurait donc dû être jugée par l'officialité diocésaine, et non par l'archevêque qui ne peut, sans abus, reprendre pour un cas particulier et pour un ecclésiastique de son diocèse ou réputé tel l'exercice d'une autorité qu'il a remise sans réserve et sans restriction à son officialité. (Voir le règl. de l'officialité, Inst. diocés., t. I, p. 489 et suiv.) Il ne lui reste jusqu'à révocation de son ordonnance que le droit d'approuver et de promulguer, afin de rentrer ainsi dans l'observation des articles organiques 14 et 15, tels que les interprète le conseil d'Etat.

7e abus. — L'ordonnance de Mgr l'archevêque de Paris n'est exécutive d'aucune loi.

Quel que soit le système de gouvernement ecclésiastique auquel on se rattache, il faut reconnaître que le pouvoir de l'évêque dans l'Eglise est simplement exécutif, ce qui faisait dire à Origènes que l'évêque est appelé, non pas au commandement, mais au service de l'Eglise. (Homél. 4e sur le jug.)

« L'Eglise, disent à leur tour les Pères du dernier concile provincial de Paris, outre les lois divines qui forment le fond de sa constitution, a un ensemble d'institutions et de règles qui émanent de son esprit, et qui, diverses selon la diversité des temps et des lieux, sont destinées à lui faciliter l'accomplissement de sa mission sur la terre. C'est ce qu'on appelle la discipline. *Elle embrasse tous les détails de la vie ecclésiastique et du ministère sacré. Elle donne à tous dans l'ordre spirituel, des règles de conduite.* Elle s'attache aux abus pour les poursuivre et les déraciner. Elle exhorte, elle commande, elle juge, elle punit... Les évêques sont juges de la foi et des mœurs ; c'est leur droit et leur devoir *de tenir la main à l'exécution des lois ecclésiastiques* et d'y contraindre, au besoin, par des peines spirituelles. » (Lettre synod., 27 oct. 1849, p. 25-27.)

Nous ne contestons pas l'exactitude de cet enseignement. Mais, puisque c'est l'Eglise qui exhorte, commande, juge et punit, et que le droit et le devoir des évêques se bornent à tenir la main à l'exécution des lois ecclésiastiques, il ne doit pas leur être permis de substituer leur bon plaisir à ces lois, de faire des ordonnances qui ne soient exécutives d'aucune d'elles, de prononcer des jugements qui ne reposent point sur elles.

Il y avait donc obligation stricte et rigoureuse pour Mgr l'archevêque de Paris de citer les lois disciplinaires en vertu desquelles il condamnait et diffamait un prêtre, pour avoir rempli des devoirs de charité et les avoir remplis avec la conviction de ne contrevenir à aucune loi, et de servir l'Eglise. En agissant autrement, il s'est mis en opposition avec la doctrine de l'Eglise et celle de son concile provincial ; il a violé les canons et nos lois, qui, sur ce point, sont d'accord avec eux ; il a converti sa justice épiscopale en oppression.

8e abus. — Les considérants de l'ordonnance de Mgr l'archevêque de Paris n'ont pas été pris dans l'acte d'accusation.

L'accusateur anonyme ne requiert la condamnation de M. l'abbé Prompsault que sur deux chefs se résumant : le premier, en inculpations injurieuses et calomnieuses contre les évêques, et le second, en maximes fausses ou principes dangereux sur la discipline de l'Eglise, et portant atteinte à l'indépendance de l'autorité spirituelle des premiers pasteurs. Or, sans en donner le motif, l'ordonnance rendue sur ce réquisitoire substitue au premier chef un manque grave au respect et à la justice dus à des évêques, en parlant d'arbitraire et de tyrannie, au sujet de leurs actes, en leur supposant des intentions odieuses, qu'ils n'ont pas eues et qu'ils ne pouvaient pas avoir, et en leur attribuant le projet formel de renverser toute règle et toute discipline dans des causes où ils s'efforcent au contraire de les maintenir, et au second, des doctrines malsaines et des principes faux, contraires à la constitution de l'Eglise et à la hiérarchie.

Cette substitution annonce que, aux yeux de Mgr l'archevêque de Paris, l'accusation ne paraissait pas fondée ; en ce cas les tribunaux civils auraient déclaré qu'il n'y avait lieu à suivre : le prélat a mieux aimé se mettre au-dessus des lois, des usages et du droit canon, qui défend à la même personne d'être accusateur et juge. (Décret de Grat., 2e part., cause 4, q. 4.) Il a imaginé des chefs d'accusation qu'il serait encore plus difficile d'établir que ceux qu'il a relevés, et, par un abus d'autorité peut-être sans exemple, il s'en est servi pour motiver la condamnation qu'il voulait prononcer.

9e abus. — Cette ordonnance assimile deux écrits purement judiciaires à des livres de doctrine.

Que, dans un écrit purement judiciaire, se rencontrent des choses injurieuses ou diffamatoires, c'est très possible ; la chaleur de la défense entraîne facilement au-delà des bornes de la modération celui qui plaide sérieusement certaines causes; mais un plaidoyer n'est pas un sermon, un écrit judiciaire n'est ni une leçon de théologie ni un traité religieux; les propositions doctrinales qui s'y rencontrent ne sont point là à titre d'enseignement : ce sont des moyens de droit ; elles n'ont trait qu'à la défense. C'est donc par un abus criant que l'accusateur et Mgr l'archevêque de Paris sont venus chercher des propositions doctrinales à censurer dans deux écrits, dont un surtout exigeait toute autre chose de leur part. Il suffit de lire la consultation donnée à M. l'abbé Régnier pour s'apercevoir que, si l'on devait procéder de cette manière, le premier et le plus pressant devoir de l'inquisiteur de la foi dans le diocèse de Paris aurait été de dénoncer à Mgr l'archevêque les actes de son officialité métropolitaine, dans lesquels il y a bien plus à reprendre que dans les écrits de M. l'abbé Prompsault, tant sous le rapport de la doctrine que sous celui de la discussion.

10e abus. — L'ordonnance frappe deux écrits que la loi met hors de ses atteintes, et constitue ainsi une usurpation des attributfons du conseil d'Etat.

Le bon ordre et la saine administration de la justice exigent que les procédures soient libres, et qu'un tribunal quelconque ne vienne point entraver l'action d'un autre. Tel est le but de l'art. 377 du Code pénal, ainsi que celui des lois de compétence et de conflits; tel est aussi l'esprit de l'article organique 8, portant que l'affaire déférée au conseil d'Etat « sera suivie et définitivement terminée dans la forme administrative ou renvoyée, *selon l'exigence* des cas, aux autorités compétentes. »

Par son ordonnance, Mgr l'archevêque de Paris a violé toutes les lois et enlevé au conseil d'Etat une compétence qu'il a seul, tant pour la connaissance des injures ou calomnies que peuvent contenir les écrits produits dans les causes pendantes devant lui que pour la détermination de la juridiction à laquelle peuvent appartenir les autres délits qui en résultent. Il l'a mis, et peut-être avec dessein, dans l'alternative ou de juger contre droit et justice, en évitant de déclarer abusifs certains actes qui lui sont déférés, ou de prendre, aux yeux de l'épiscopat et de tout l'univers catholique, l'attitude d'un tribunal schismatique, hérétique ou oppresseur.

Cet abus est tel que ne point le réprimer ou abdiquer serait pour le conseil d'Etat une seule et même chose.

11e abus. — L'ordonnance condamne et censure la reconnaissance et la défense des droits de l'Empereur.

Le souverain en France a été investi par Léon X, ainsi que nous l'avons déjà dit (p. 3 et 9), du droit de surveiller, protéger et faire exécuter, *d'autorité apostolique*, les concordats ecclésiastiques, droit dont la reconnaissance a été stipulée par l'art. 16 du concordat de 1802, et en vertu duquel le conseil d'Etat connaît et pourrait juger définitivement certaines causes bénéficiales.

M. l'abbé Prompsault défend depuis plusieurs années la légitimité de ces droits contre le parti ultramontain. Il a été dans la nécessité d'en prendre, au moins indirectement, la défense dans les consultations qu'il a données sur recours en cas d'abus. C'est sur ce point que son accusateur l'attaque et que Mgr l'archevêque de Paris le censure.

« Deux ecclésiastiques, porte l'accusation, se sont adressés à M. l'abbé Prompsault, qui, dans deux consultations imprimées à Paris durant le cours de cette année 1854, CONSEILLE à l'un et à l'autre de soumettre les actes de l'autorité épiscopale et archiépiscopale *à la révision du conseil d'Etat*, pour les faire déclarer abusifs et non avenus s'il arrive qu'il y ait eu excès de pouvoir...

« Si l'auteur des consultations se fût borné à indiquer à ses clients les moyens de droit qu'ils peuvent faire valoir dans l'intérêt de leur cause pour poursuivre leur appel DEVANT UNE AUTORITÉ COMPÉTENTE, *il se serait maintenu dans les limites d'une défense légitime; mais il a manifestement dépassé les bornes d'une consultation canonique*, d'abord en se permettant des inculpations injurieuses et calomnieuses contre les évêques, *ensuite en établissant des maximes fausses, des principes dangereux sur la discipline de l'Eglise, et en* PORTANT ATTEINTE A L'INDÉPENDANCE DE L'AUTORITÉ SPIRITUELLE DES PREMIERS PASTEURS.

Ces principes faux et dangereux sont ceux qui concernent le recours en cas d'abus et les suivants : « Pour empêcher que l'évêque n'usurpe le pouvoir (de porter des sentences *ex informata conscientia)*, le conseil d'Etat, investi par le souverain de son droit de surveillance et de protectorat, doit réprouver cette absurde et funeste doctrine, ainsi que les actes qui se rattachent plus ou moins à son application... La possession bénéficiale (d'une cure) résultant d'une institution canonique agréée par décret est un droit acquis, même civilement, dont le curé ne peut être privé que juridiquement, sous la surveillance de l'Etat, par des tribunaux judiciaires... S'il était vrai que l'Eglise n'eût plus de tribunaux en France, le curé serait autorisé à recourir aux tribunaux civils, personne, parmi nous, ne pouvant être arbitrairement dépouillé de ce qu'il possède légitimement (const. de l'Emp.), et, en vertu du concordat, l'Etat étant obligé de faire respecter les droits ecclésiastiques légitimement acquis. »

« Propositions, continue l'accusation, qui, en tant qu'elles rendent le conseil d'Etat juge de la doctrine dans l'interprétation des saints canons... et qu'elles assimilent les offices et bénéfices ecclésiastiques aux biens civils déclarant qu'un curé pourrait recourir aux tribunaux civils pour être maintenu en possession de son office et bénéfice dans le cas où les formes contentieuses ne seraient pas suivies au for ecclésiastique, sont *fausses, erronées, téméraires, scandaleuses, contraires au droit, à la liberté et à l'indépendance de l'Eglise.* »

Laissons de côté l'infidélité de l'analyse dont l'accusateur, pour arriver plus sûrement à ses fins, ne devait pas perdre l'habitude et l'inculpation calomnieuse d'avoir outragé l'épiscopat. C'est donc pour avoir *conseillé* à des prêtres contre lesquels il a été abusivement procédé de se pourvoir devant une *autorité incompétente*, qui est celle du souverain exercée par le conseil d'Etat; c'est pour avoir reconnu au souverain le droit d'interpréter les lois concordataires qu'il est chargé de faire exécuter *d'autorité apostolique*, que M. l'abbé Prompsault est accusé par un anonyme et condamné par Mgr l'archevêque de Paris, comme ayant dépassé les bornes d'une consultation canonique, établi des maximes fausses, erronées, téméraires, scandaleuses, contraires au droit, à la liberté et à l'indépendance de l'Eglise, et porté atteinte à l'autorité spirituelle des premiers pasteurs, qui, d'après Mgr l'archevêque de Paris, doit être, même en matière bénéficiale concordataire, complétement exempte de la surveillance du souverain et tout-à-fait en dehors des garanties qu'il s'est chargé, dans les concordats, de fournir aux bénéficiers, garanties qui sont, du reste, la conséquence nécessaire de l'existence civile des Eglises de France. C'est là première fois, parmi nous, qu'un prélat se permet des choses pareilles.

12e abus. — Cette ordonnance place sous le coup d'une peine conditionnelle indéterminée et arbitraire une personne qui n'a été ni mise en prévention ni condamnée.

Dans son ordonnance, Mgr l'archevêque de Paris reconnaît que l'accusateur anonyme ne lui a déféré autre chose que deux mémoires. Il ne condamne rien de plus que ces deux mémoires, et néanmoins, par un abus d'autorité inconcevable, il prononce une peine qu'il ne désigne pas et qu'il se réserve la faculté d'imposer à M. l'abbé Prompsault, s'il n'acquiesce pas à la condamnation de ses deux écrits. A-t-il jamais existé un tribunal qui se soit permis une chose pareille?

13e abus. — Cette ordonnance, quoique en premier ressort, a été néanmoins imprimée, classée parmi les actes de l'Eglise de Paris, et publiée avant notification.

Une sentence en premier ressort, qui n'a pas encore été acceptée ou confirmée par qui de droit, n'est qu'un acte provisoire, susceptible d'être annulé. Son impression avant même que le condamné puisse soupçonner son existence, sa classification parmi les actes qui doivent rester et servir d'antécédents, sa publication immédiate par la voie de la presse, tout cela fait par ordre du juge qui l'a rendue, constitue quelque chose de plus qu'un simple abus. Il y a, dans cette manière d'agir, un dessein de diffamer qui est trop évident pour ne pas être remarqué, et trop nuisible pour ne pas donner lieu à des réserves; car, « si être accusé est un malheur pour tous les hommes, c'est un plus grand malheur encore pour des prêtres, qui ont tant besoin de conserver leur réputation intacte et à l'abri même des plus légers soupçons. » (Mgr l'archevêque, *Inst. dioces.*, t. I, p. 459.)

14e abus. — Il a été donné ordre de contraindre M. l'abbé Prompsault, par retrait d'emploi, d'accepter l'ordonnance en premier ressort qui le condamne.

« Si quelqu'un se croit grevé par son propre métropolitain, qu'il soit jugé au tribunal du patriarche ou du primat du diocèse, ou par la puissance du siége de l'Eglise universelle apostolique. » (Décret. de Grat., 2e part., cause 2, q. 6, l. 7, et ailleurs fréquemment.)

« Nous voulons que vous ayez égard aux appellations interjetées pour les causes les plus petites. De ce qu'elles sont faites pour un motif léger quelconque, il ne faut pas moins y déférer que si elles étaient faites pour les plus graves. » (Décret. Greg. IX, l. 2, t. xxviii, c. 11.)

En France, depuis François Ier, les lois concordataires reconnaissent la faculté d'appeler jusqu'à ce qu'il y ait trois sentences conformes. Le droit d'appel est reconnu par l'article organique 15, et celui de recours en cas d'abus par l'article organique 6. Mgr l'archevêque de Paris et son conseil ne devraient pas ignorer que l'acceptation d'une sentence en premier ressort est libre et doit rester libre, sans quoi la faculté d'en appeler deviendrait illusoire. Cependant la lettre de M. l'archidiacre Surat, et mieux encore le retrait de pouvoirs notifié par M. l'archidiacre Buquet, prouvent non-seulement qu'ils l'ignorent, mais encore que l'appel et le pourvoi de M. l'abbé Prompsault n'ont pas pu les faire revenir de cette erreur et prévenir ainsi un nouvel abus d'autorité dont nous allons nous occuper spécialement.

§ 2e. — *Abus relatifs à la déclaration de retrait d'emploi.*

Premier abus. — Cette déclaration de retrait d'emploi est exécutive d'une ordonnance contre laquelle il y avait pourvoi en cas d'abus, et appel au concile provincial.

Les pourvois de M. l'abbé Prompsault, par recours en cas d'abus, auprès du conseil d'Etat, et par appel au concile provincial, ont été dûment notifiés à Mgr l'archevêque de Paris.

« Quand l'appel est formé avec cette qualité comme d'abus, il lie tout-à-fait les mains aux juges et suspend absolument la puissance de celui de l'entreprise duquel on se plaint (Maynard, not. quest., l. viii, c. 44; Brodeau-sur-Louet, lettre O, no 2), tellement que, s'il attente de prononcer ou faire exécuter quelque chose au préjudice de l'abus, le tout est cassé et annulé comme nul, injurieux, attentatoire. (Guid., Pape, q. 93; Boëre, déc. 153.) Il fut ainsi jugé par arrêt du parlement de Dijon, du 29 février 1533. » (Fevret, *Traité de l'abus*, l. I, ch. 2, n° 16.)

« Quand il y a appel, porte le droit canon, soit qu'il ait été reçu ou non, il ne doit rien être fait de nouveau dans l'intervalle : ***Appellatione interposita, sive ea recepta fuerit, sive non, medio tempore, nihil novari oportet.*** (Gratien, décrét., 2e part., q. 6, c. 31.) On trouve une décision conforme dans les décrétales de Grégoire IX (l. II, t. 28, c. 55) et dans tous les livres de droit, la preuve que jamais en France on ne s'est écarté de ce principe. L'abus commis par Mgr l'archevêque de Paris est donc aussi certain qu'inexplicable; car il a rendu une seconde sentence dans la même affaire, et cela à raison même de l'appel et du pourvoi auxquels la première avait donné lieu, ainsi que nous allons le voir.

2e abus. — Cette déclaration viole, comme l'ordonnance de Mgr l'archevêque, la liberté de la défense.

Il est constaté, par la lettre de M. l'archidiacre Surat et par la déclaration de retrait de pouvoirs, que ce retrait est tout à la fois la punition de la hardiesse qu'a eue M. l'abbé Prompsault d'ouvrir la bouche pour se défendre, et celle du défaut de soumission dont l'archevêque de Paris prétend qu'il s'est rendu coupable, en ne reconnaissant pas tout ce qu'il y a de canonique et de paternel dans l'ordonnance qui le condamne sans l'avoir mis en prévention et entendu sa défense.

Si, après avoir été condamné par l'évêque, sur une accusation anonyme, sans avoir été appelé et entendu, il n'y a autre chose à faire pour le prêtre que de s'incliner respectueusement, les canons, les lois et les tribunaux sont inutiles. Il suffit au prêtre d'avoir des yeux et des oreilles. Des yeux pour regarder son maître et des oreilles pour recevoir ses ordres. Quelle aberration de la part de ceux à qui il a été dit : « Les rois des Gentils les dominent, et ceux qui ont puissance sur eux sont appelés bienfaisants : vous ne serez pas ainsi, mais que celui qui est le plus grand parmi vous devienne comme le plus petit, et que celui qui est chef devienne comme s'il était ministre. (Saint Luc, 22-25 et 26.) Quel oubli des formes dans un diocèse où il existe un règlement disciplinaire portant « que nul ne peut être jugé sans avoir été préalablement entendu, que les débats seront publics, que, dans le cas d'une condamnation, le jugement devra toujours exprimer la faculté d'appel (art. 66, 67 et 87) ! Quelle erreur de doctrine de la part d'une autorité qui a composé des *Institutions diocésaines*, dans lesquelles on lit : « C'est dans l'intérêt de la défense que nous avons statué en principe que les débats seraient publics ; — quand il y aura eu condamnation, la sentence devra toujours exprimer la faculté d'appeler laissée à celui qui vient de subir un jugement ! C'EST DE DROIT COMMUN ; il est inutile de rappeler ici ce que nous avons dit ailleurs sur l'antiquité de l'appel dans la procédure ecclésiastique, et sur l'efficacité d'une pareille garantie pour remédier à tous les défauts que, nonobstant toutes les précautions, la sentence des premiers juges pourrait avoir (T. I, p. 465 et 473.) ! »

3e abus. — Cette déclaration méconnaît et rend illusoires les droits du souverain et les attributions du conseil d'Etat.

En punissant comme un crime, dans la personne même de M. l'abbé Prompsault, le recours à la protection du souverain par un pourvoi en cas d'abus contre l'ordonnance de Mgr l'archevêque de Paris, l'archevêché attaque de nouveau les droits du souverain déjà proscrits et censurés par l'ordonnance du 10 août, et il dénie au conseil d'Etat les attributions qui lui ont été données par les articles organiques. Fermera-t-on les yeux sur des entreprises de cette nature?

4e abus. — Cette déclaration incrimine et punit une résistance qui est selon le bon sens, les lois et les canons.

Le bon sens dit à tout le monde qu'il est permis, et quelquefois nécessaire, d'en appeler d'une autorité inférieure à une autorité supérieure, ou d'une juridiction surveillée à l'autorité surveillante. Les lois qui, à diverses époques, ont organisé le conseil d'Etat, le concordat de 1802 qui a reconnu l'exercice du culte catholique, et par conséquent sa législation disciplinaire, les canons qui ont réglé avec tant de soin ce qui concerne les appels, le concordat de 1816 qui a déterminé pour la France la manière de les vider, ont voulu que quiconque, dans l'Eglise, se croirait opprimé ou grevé, fût autorisé à soumettre successivement ses plaintes ou ses réclamations à deux autorités supérieures, et que ce ne fût qu'après trois sentences conformes que son droit d'appeler fût épuisé.

Qui est-ce qui est répréhensible ici, et qui mériterait d'être sévèrement puni? Ou de M. l'abbé Prompsault, qui use d'un droit que toutes les lois lui accordent, ou de l'archevêque de Paris, qui, pour le contraindre d'y renoncer et de se laisser diffamer en silence, veut, au mépris de toutes les lois, le priver de son bénéfice, et viendra peut-être à bout de le lui faire perdre?

5ᵉ abus. — Un retrait pur et simple de pouvoirs est, dans l'espèce, une peine excessive.

L'ignorance des affaires ecclésiastiques est cause que l'on ne sent pas, dans le monde, tout ce qu'il y a de grave dans un retrait pur et simple de pouvoirs.

Ce retrait n'est autre chose qu'un dépouillement d'office et de bénéfice, une privation d'état et de revenus. C'est, après la dégradation, la peine la plus forte que l'autorité ecclésiastique puisse infliger. Le dignitaire ecclésiastique ainsi frappé est dans une position pire que celle de l'officier qui serait cassé de son grade et réduit à servir comme simple soldat, car il resterait encore à ce malheureux une position, un état, une existence, tandis qu'il ne reste au prêtre ainsi destitué que la misère, la honte et le désespoir.

La rigueur excessive de la peine donne lieu de supposer qu'elle a été provoquée par les écarts les plus monstrueux et l'indignité la plus criminelle. Celui qui la supporte se trouve sous le poids d'une prévention désolante qui l'accompagne partout, et qui partout le fait considérer comme un ange déchu, un être avili, et d'autant plus méprisable qu'il est tombé de plus haut. M. l'abbé Prompsault l'a déjà éprouvé lui-même d'une manière bien pénible. Il a eu besoin, à quatre lieues de Paris, de demander un *celebret* pour obtenir, dans le lieu de sa retraite, la consolation de célébrer le saint sacrifice de la messe, et son frère lui écrit qu'il fera bien d'en emporter un s'il veut le célébrer sans difficulté dans la petite ville qu'habite sa famille.

C'est cependant de cette peine que se sert Mgr l'archevêque de Paris envers un prêtre qui compte trente-quatre ans d'honorables services, envers un homme de lettres qui a sacrifié toute son ambition à l'étude, qui n'a jamais rien fait ni pour parvenir aux dignités ecclésiastiques, ni pour accroître son modeste patrimoine, et qui, si cet acte oppresseur n'est pas promptement déclaré abusif, sera contraint ou de mettre en vente sa volumineuse bibliothèque, ou de se retirer avec elle à cent soixante lieues de Paris, pour y vivre de privations, et peut-être dans la misère.

6e abus. — Cette déclaration viole les priviléges de l'hospice impérial des Quinze-Vingts, et usurpe les droits de la grande-aumônerie de l'Empire.

Depuis sa fondation par saint Louis jusqu'en 1830, la chapelle des Quinze-Vingts fut chapelle royale, et ses chapelains étaient des chapelains royaux. M. l'abbé Prompsault ne consentit, en 1830, à rester dans son poste et à continuer le service religieux de cet établissement qu'à la condition expresse que l'indépendance de sa chapelle serait respectée, et que l'on renoncerait au projet qu'avait l'archevêché de Paris de l'unir à la paroisse Saint-Antoine, à laquelle son église sert d'église paroissiale.

En 1387, l'établissement tout entier fut complétement affranchi de la juridiction de l'évêque de Paris et soumis à celle de l'aumônier du roi s'il était ecclésiastique, ou bien à celle du premier chapelain de l'établissement s'il arrivait que l'aumônier du roi fût laïque.

Le dispositif de cette bulle est ainsi conçu : « Nous donc, déterminés par l'humble supplication de notre très cher fils en Christ, Charles, roi illustre des François, et par vos supplications, voulons et d'autorité apostolique statuons et aussi ordonnons que la connaissance et la décision de toutes les causes quelconques qui seront intentées contre chacune de vos personnes, de même aussi que l'information, correction et punition des délits quelconques qu'il vous arrivera de commettre appartiennent pour toujours audit aumônier alors existant s'il est ecclésiastique, ou autrement au chapelain de ladite chapelle, laquelle on sçait *avoir un chapelain perpétuel*, et que vous ne puissiez être personnellement traduits pour ces causes mêmes devant un autre que devant l'aumônier ou le chapelain, ou punis et corrigés des excès mineurs (ceux non réservés au Saint-Siége) par d'autre que par ce même aumônier et chapelain, déclarant nul et de nul effet tout ce qui serait fait de contraire. »

En vertu de cette bulle, le grand-aumônier de France, déjà établi surveillant spécial de l'établissement par saint Louis, devint l'évêque des Quinze-Vingts. C'est de lui que M. l'abbé Prompsault tient ses pouvoirs, tant ordinaires qu'extraordinaires. Mgr de Quélen et Mgr Affre les ont reconnus et respectés sous le règne de Louis-Philippe, à une époque où la grande-aumônerie n'existait qu'en projet. Permettra-t-on à Mgr l'archevêque actuel de les fouler aux pieds sous le règne d'un prince qui a rétabli la grande-aumônerie et, de plus, mis l'établissement de saint Louis sous la haute protection de l'Impératrice? Nous ne le pensons pas, car ce serait dépouiller le grand-aumônier d'un de ses privilèges les plus anciens et rendre moins libre l'exercice de l'auguste protectorat que la bienveillance éclairée de Sa Majesté a rendu à ce précieux établissement.

Le chapelain des Quinze-Vingts est de fait et de droit chapelain impérial. Il est, en sa qualité de premier chapelain de l'établissement, chapelain perpétuel, c'est-à-dire inamovible. Il tient d'ailleurs ses pouvoirs de la grande-aumônerie, qui seule pourrait les lui retirer. Il y a donc abus de la part de Mgr l'archevêque, d'abord en ce qu'il a retiré des pouvoirs qui ne viennent pas de son siége, ensuite en ce qu'il a révoqué un prêtre qui n'est pas révocable, et enfin en ce qu'il a usurpé les droits du grand-aumônier de l'Empire.

7e abus. — Le retrait des pouvoirs n'a pas eu lieu conformément aux statuts donnés par Mgr l'archevêque de Paris à son diocèse.

Nous avons déjà eu occasion de le dire en développant les moyens d'abus que nous avons fait valoir contre l'ordonnance de Mgr l'archevêque de Paris (p.), Sa Grandeur s'est démise de toute sa juridiction contentieuse entre les mains de son official, ne se réservant que la juridiction gracieuse : c'était donc à l'official qu'il appartenait de prononcer une peine disciplinaire au lieu de la notifier, et il aurait dû la prononcer dans la forme voulue par les canons et les règlements de l'officialité diocésaine de Paris, c'est-à-dire après une procédure régulière et des débats contradictoires. (Inst. diocés., t. 1, p. 483 et suiv.)

8e abus. — Le retrait de pouvoirs n'a pas eu lieu conformément aux canons et aux lois.

Ne perdons pas de vue les paroles remarquables du concile de Séville, devenues l'un des axiomes du droit canon : « L'évêque peut donner seul la dignité aux prêtres et aux ministres, mais il ne peut pas la leur ôter seul. » (Décrét. de Grat., 2e part., cons. 13, c. 7, c. 1.)

Cette discipline s'est conservée dans l'Eglise, et nous croyons qu'il n'était pas possible de la changer, l'évêque n'étant investi que d'un pouvoir ministériel et ne pouvant toucher aux droits et à l'état des personnes que juridiquement. Le pape Boniface VIII, consulté par un évêque d'Italie sur la manière dont la dégradation devait avoir lieu, lui répond que la dégradation verbale ou *déposition*, soit des ordres, soit *des grades ecclésiastiques*, doit être faite par le propre évêque assisté du nombre d'évêques prescrit par les canons. (Sexte des décrét., l. v, t. 9, c. 2.) Le saint concile de Trente n'a permis autre chose à cet égard que de remplacer les évêques par des dignitaires ecclésiastiques d'un âge mûr et recommandables par leurs connaissances en droit canon. (Sess. 13e de la ref., ch. 4.)

Considéré comme peine, le retrait pur et simple d'un emploi, qui n'est autre chose qu'une suspense perpétuelle, constitue, ainsi que nous l'avons déjà dit, l'une des peines canoniques les plus graves que les tribunaux ecclésiastiques puissent appliquer et, par conséquent, une de celles pour lesquelles il est moins permis que pour toute autre de s'écarter des règles consacrées par les canons reçus en France.

RÉCAPITULATION.

Résumons cette longue série d'abus.

En ce qui concerne l'ordonnance épiscopale du 10 août, il y a abus :

1o Parce que cette ordonnance, quoique disciplinaire, n'a pas été précédée des formes de procédure exigées par les canons et nos lois;

2o Parce qu'elle a été rendue par l'évêque seul;

3o Parce qu'elle a été rendue sur un acte d'accusation qui n'est pas signé;

4o Parce que cet acte d'accusation, qui n'a pas été communiqué à l'accusé, n'est publié que par extrait;

5o Parce qu'il est évidemment mensonger et calomnieux;

6o Parce que l'ordonnance rendue sur cet acte d'accusation l'a été contrairement aux statuts donnés par l'archevêque de Paris lui-même à son diocèse;

7o Parce qu'elle n'est exécutive d'aucune loi;

8o Parce que ses considérants n'ont pas été pris dans l'acte d'accusation;

9o Parce qu'elle assimile deux écrits purement judiciaires à des livres de doctrine;

10° Parce qu'elle frappe deux écrits que la loi met hors de ses atteintes, et constitue ainsi une usurpation des attributions du conseil d'Etat;

11° Parce qu'elle condamne et censure la reconnaissance et la défense des droits du souverain;

12° Parce qu'elle met arbitrairement sous le coup d'une peine indéterminée une personne qui n'est pas condamnée;

13° Parce que n'étant qu'en premier ressort, elle a été néanmoins imprimée, classée parmi les actes de l'Eglise de Paris, et publiée avant même d'être notifiée;

14° Parce que ordre a été donné de contraindre par retrait d'emploi M. l'abbé Prompsault à l'accepter.

En ce qui concerne le retrait d'emploi notifié à M. l'abbé Prompsault, le 8 septembre 1854, il y a abus :

1° Parce qu'il est exécutif d'une ordonnance épiscopale contre laquelle il y avait pourvoi en cas d'abus et appel au concile provincial;

2° Parce qu'il viole comme elle la liberté de la défense;

3° Parce qu'il méconnaît et rend illusoires les droits du souverain;

4° Parce qu'il incrimine et punit une résistance qui est selon le bon sens, les lois et les canons;

5° Parce qu'il constitue une peine excessive;

6° Parce qu'il viole les priviléges de l'hospice impérial des Quinze-Vingts et usurpe les droits de la grande-aumônerie de l'empire;

7° Parce qu'il n'a pas eu lieu conformément aux statuts donnés par l'archevêque même à son diocèse;

8° Parce qu'il n'a pas eu lieu conformément aux canons et aux lois.

REQUÊTE.

De la part d'un prélat qui doit son illustration au zèle éloquent avec lequel il a combattu, dans ses institutions diocésaines, cette manière despotique et dangereuse d'administrer, les actes que nous venons d'examiner sont inexplicables; mais leur existence n'en est pas moins un fait réel, que M. l'abbé Prompsault est vivement intéressé à faire constater et déclarer abusive, pendant que le conseil d'Etat, dépositaire et vengeur des droits du souverain méconnus, ne peut se dispenser de la réprimer sévèrement.

Quoique nous ne connaissions pas le nom de l'accusateur et que nous ignorions comment les choses se sont passées entre lui et Mgr l'archevêque de Paris, il est certain néanmoins qu'il a rédigé son rapport de mauvaise foi, et dans un intérêt tout autre que celui de la vérité et de la justice.

La publicité qui lui a été donnée malicieusement, et dans le but de diffamer et perdre, a fait à M. l'abbé Prompsault, écrivain religieux jusqu'ici estimé et considéré, un tort qu'il sera désormais impossible de réparer complétement, et qui, dès ce moment, s'élève déjà à une somme considérable, parce que toutes ses publications ascétiques et législatives, pour lesquelles il a fait de grands déboursés, se trouvent compromises.

Ces considérations nous portent à demander au conseil d'Etat :

1° La déclaration d'abus contre l'ordonnance de Mgr l'archevêque de Paris, en date du 10 août, avec injonction de la retirer, pour procéder régulièrement, s'il y a lieu ;

2° La déclaration d'abus contre le retrait de pouvoirs notifié le 8 septembre à M. l'abbé Prompsault, prêtre de la grande-aumônerie, avec défense expresse de réitérer de pareilles entreprises ;

3° La suppression, comme diffamatoire, du rapport, mémoire ou acte d'accusation anonyme qui précède l'ordonnance de Mgr l'archevêque de Paris ;

4° Et comme Mgr l'archevêque de Paris a assumé la responsabilité de ce libelle, lui a donné l'autorité de son propre nom, l'a publié sans nécessité aucune, contrairement aux règles du droit, aux usages reçus et aux exigences de la cause, la condamnation de Sa Grandeur à cent mille francs de dommages et intérêts envers M. l'abbé Prompsault, le conseil d'Etat usant en ceci du droit que lui confère l'article 26 de la loi du 17 mai 1819.

5° Dans le cas où le conseil d'Etat ne se croirait pas compétent pour prononcer lui-même sur ce dernier article, nous demandons expressément qu'il renvoie cette question aux tribunaux judiciaires, ou du moins qu'il veuille bien donner acte à M. l'abbé Prompsault de toutes ses réserves.

L'ABBÉ J.-H.-R. PROMPSAULT.

Château de Vaupereux, le 5 octobre 1854.

APPENDICE

Extrait du Rapport fait à Mgr l'archevêque de Paris sur deux mémoires consultatifs de M. l'abbé Prompsault, l'un en faveur de M. Bordier, prêtre du diocèse d'Angers, et l'autre en faveur de M. Regnier, ancien curé de Salbris, Diocèse de Blois, et Ordonnance portant condamnation de ces deux écrits.

. . . . M. Bordier, prêtre du diocèse d'Angers, a reçu de son évêque un acte d'excorporation pour tout diocèse où il voudrait aller se fixer; il a réclamé contre cet acte, prétendant qu'il ne l'avait pas demandé, et il l'a déféré, le 30 avril 1853, à Mgr l'archevêque de Tours, lequel a été d'avis qu'il y avait eu acquiescement de la part de l'abbé Bordier à l'acte d'excorporation contre lequel il réclamait et à la conduite de l'évêque d'Angers, et que, par conséquent, il n'y avait pas lieu de réformer cet acte.

M. Régnier, curé de Salbris, paroisse et chef-lieu du diocèse de Blois, a été privé de son titre par une sentence épiscopale, en date du 8 mai 1849 ; il en a appelé à Mgr l'archevêque de Paris, lequel l'a déclaré non recevable dans son appel et l'a renvoyé devant qui de droit. Un arrêté du président de la République, en date du 13 mai 1849, a approuvé la décision de l'évêché de Blois, par laquelle M. Régnier a été privé de son bénéfice.

Ces deux ecclésiastiques se sont adressés à M. Prompsault, qui, dans deux *Consultations*, imprimées à Paris, durant le cours de cette année 1854, conseille à l'un et à l'autre de soumettre les actes de l'autorité épiscopale et archiépiscopale à la révision du conseil d'État pour les faire déclarer abusifs et non avenus, s'il arrive qu'il y ait eu excès de pouvoir. Il considère les actes et la conduite de Mgr l'évêque d'Angers comme contraires aux canons reçus en France, et dégénérant en oppression. Quant à l'affaire du curé destitué de Salbris, son avis est « qu'il n'est pas possible de ne point déclarer « abusifs les actes de l'évêque de Blois et ceux du métropo- « litain; car l'abus, dit-il, y abonde tellement que, de quel- « que manière qu'on les considère, on n'y voit pas autre « chose (p. 70). »

Si l'auteur des *Consultations* se fût borné à indiquer à

ses clients les moyens de droit qu'ils peuvent faire valoir dans l'intérêt de leur cause, pour poursuivre leur appel devant une autorité compétente, il se serait maintenu dans les limites d'une défense légitime; mais il a manifestement dépassé les bornes d'une consultation canonique, d'abord en se permettant des inculpations injurieuses et calomnieuses contre les évêques; ensuite, en établissant des maximes fausses, des principes dangereux sur la discipline de l'Eglise, et en portant atteinte à l'indépendance de l'autorité spirituelle des premiers pasteurs.

C'est à ce double point de vue seulement que nous avons examiné les *Consultations* de M. l'abbé Prompsault : nous n'avions pas à discuter ici, en eux-mêmes, les actes de l'autorité épiscopale et métropolitaine dont il s'occupe.

I. L'auteur des *Consultations* se plaint fréquemment du despotisme des évêques, et de l'oppression où gémissent les prêtres livrés à l'arbitraire. « Jamais, selon lui, le pouvoir « des évêques n'a été si exorbitant, et jamais il n'a été si « peu respecté; preuve, dit-il, que ce n'est pas en permet- « tant de violer les lois de la discipline ecclésiastique qu'on « peut fortifier l'autorité. L'opprimé passe aisément du res- « pect au mépris (*Cons.* pour M. Régnier, p. 49.) » « Le gou- « vernement s'est contenté jusqu'ici de laisser faire les évê- « ques au détriment de la discipline et du bien de l'Eglise « (*ibid.* p. 36). » M. Prompsault se plaint « des destitutions « d'emploi, si communes aujourd'hui, dit-il, pour le malheur « du prêtre et des paroisses (*Cons.* pour M. Bordier, p. 22). »

En ce qui concerne l'affaire du curé de Salbris, il dit que « l'autorité s'est plus préoccupée du soin de justifier ses actes « que de celui de faire respecter les droits sacrés de la justice (p. 9). » Voici comment il observe lui-même les droits de la justice, pour ne pas parler du respect à l'égard de son archevêque.

Mgr l'Archevêque de Paris, à l'officialité duquel le curé de Salbris en avait appelé, n'obtenant pas de l'évêque de Blois la communication des pièces, et ne croyant pas devoir vider lui-même une question de compétence, soulevée par son suffragant, avait rendu une ordonnance qui renvoyait les parties devant qui de droit, c'est-à-dire devant le Saint-Siége, se réservant de juger l'affaire au fond, si elle était renvoyée par le Saint-Siége à la juridiction métropolitaine. Quelques temps après, le même prélat, répondant à une lettre du ministre des cultes, expliquait comment le pourvoi, au point de vue civil, n'était pas admissible, et que, par sa nature, selon lui, l'affaire relevait du Saint-Siége.

L'auteur des *Consultations*, au lieu de s'occuper directement de l'ordonnance de Mgr l'archevêque, examine les motifs allégués dans la lettre dont nous parlons et il dénature la pensée qui l'a dictée.

Pour obtenir que le gouvernement ne reçût pas le pourvoi, monseigneur avait dû examiner la question, dans sa lettre au ministre, non pas au point de vue du droit canonique, mais d'après les règles du droit civil et la jurisprudence du conseil d'Etat. Il dit que le pourvoi n'est pas recevable au conseil d'Etat, attendu que la loi civile ne reconnaissant pas dans les évêques de juridiction contentieuse ou coactive, mais seulement une juridiction administrative dans ses formes, et n'ayant pas d'ailleurs réglé quelles devaient être ces formes administratives, mais s'en étant rapporté à la sagesse des évêques, il ne pouvait pas y avoir abus, aux yeux de l'autorité civile, dans la manière dont l'évêque de Blois et le métropolitain avaient procédé.

Tel est le sens de la lettre adressée au ministre des cultes. Il n'y a pas d'équivoque possible; le point de départ, le but, les raisonnements, tout s'y rapporte à la loi civile, à l'autorité que la loi civile reconnaît aux évêques et aux métropolitains sur les décisions de leurs suffragants, L'auteur de la *Consultation*, présentant les choses d'une manière toute différente, fait dire à monseigneur dans un sens absolu que « les évêques et archevêques n'ont plus de juridiction con« tentieuse, comme on le voit par le rapport de Portalis, « sur les articles organiques... que la juridiction épiscopale « et archiépiscopale s'exerce sans forme de jugement, ainsi « que l'ont décidé le ministre et le comité de l'intérieur au « conseil d'Etat. »

Ces assertions, présentées ainsi sous une forme absolue, seraient scandaleuses, et on n'a pas craint de donner ce scandale au public, en les imputant à un évêque. « Ne « dirait-on pas (lisons-nous dans la *Consultation* pour le « curé de Salbris) lorsqu'on entend l'autorité ecclésiastique « invoquer de pareilles autorités, que les ministres de l'em« pereur ont remplacé, parmi nous, les Pères de l'Eglise, « et que le conseil d'Etat est investi aujourd'hui de l'auto« rité souveraine des conciles?... L'autorité des juriscon« sultes est substituée, par le métropolitain, à celle des

« théologiens et des canonistes, dans une question de droit « ecclésiastique. » (p. 34-38)

Il a fallu, sans doute, une étrange préoccupation d'esprit pour oser porter une aussi grave accusation contre un évêque, et surtout contre un évêque qui, dans ses écrits, a soutenu hautement les droits de l'Eglise, sa juridiction, son indépendance, et qui, le premier, a donné l'exemple du rétablissement des officialités.

II. Les principes invoqués par l'auteur des *Consultations* ne sont pas moins dangereux que les reproches qu'il fait aux évêques de France sont graves et immérités. Ces principes tendraient à fausser les rapports hiérarchiques des prêtres avec leur évêque, et à faire méconnaître la divine constitution de l'Eglise. En voici quelques-uns que nous signalons entre les autres :

1° « Les prêtres aujourd'hui paraissent manquer à leur « devoir, quand ils osent formuler des plaintes contre leur « évêque. Il y a loin sans doute de cette discipline à celle « dont le droit canon constate l'existence, lorsqu'il dit : *Les « évêques sauront qu'ils sont plus grands que les prêtres, « plutôt par suite de l'usage que par une véritable insti- « tution divine, et qu'ils doivent gouverner l'Eglise en « commun avec eux*. Dist. 95, c. 5 (*Cons*. Bordier, p. 18). »

Proposition injurieuse aux évêques, en ce qu'elle suppose qu'ils blâment tous les prêtres qui oseraient formuler une plainte contre eux, quand même cette plainte serait autorisée par les saints canons et se produirait sous une forme respectueuse. — Proposition fausse, en ce qu'elle donne comme expression authentique du droit canon un texte inséré, il est vrai, dans le décret de Gratien, mais qui n'est que le texte d'un auteur particulier, texte dont les ennemis de la hiérarchie ecclésiastique ont toujours abusé à la suite de Calvin et des presbytériens, et qui, entendu dans le sens littéral, sans les explications que la pensée, d'ailleurs connue, de saint Jérôme, autorise à donner, serait contraire à l'enseignement commun des docteurs catholiques, sur l'origine divine de l'épiscopat et les droits des évêques. — Proposition captieuse, en ce qu'elle donne à entendre qu'autrefois les évêques ne gouvernaient les Eglises qu'avec dépendance du clergé, tandis que les monuments les plus authentiques, les lettres de saint Ignace, martyr, les écrits de saint Cyprien, les actes des conciles tenus dans les premiers siècles, attestent que si les évêques se faisaient aider par les prêtres dans l'administration du diocèse, et s'éclairaient de leurs conseils, ils avaient seuls véritablement l'autorité; de sorte qu'au témoignage de saint Jérôme lui-même, *tout le soin de l'Eglise appartenait à l'évêque et que la sollicitude entière était déférée à lui seul.* (*Comm. de l'Epit. à Tite.*)

2° « Ce n'est pas l'évêque qui appelle les prêtres de son « diocèse; ils lui sont présentés par son Eglise... Le droit « canon lui défend de faire des ordinations sans le concile « des clercs, l'assentiment et le témoignage des fidèles. On « ne peut donc raisonnablement admettre qu'il puisse seul, « et sans le consentement exprès de son clergé, ou tout au « moins du conseil dont les canons veulent qu'il soit assisté, « priver le diocèse d'un membre que le diocèse lui-même a « choisi, qui lui appartient, et qui ne peut appartenir qu'à « lui (*Consultation* pour M. Bordier, p. 9). »

Proposition téméraire et blessant les droits incontestables des évêques, en ce qu'elle avance que ce n'est pas l'evêque qui choisit et appelle les prêtres de son diocèse, et suppose qu'ils sont choisis et appelés par son Eglise. — Proposition fausse et contraire à l'enseignement commun des canonistes, en ce qu'elle assure que l'évêque ne peut pas donner un acte d'excorporation à un clerc du diocèse, sans le consentement exprès de son clergé, ou tout au moins du chapitre.

L'auteur cite, comme formant le droit commun, un texte d'un concile particulier de Carthage, qui, d'ailleurs, prescrit seulement à l'évêque de consulter les clercs et de recevoir le témoignage des fidèles sur la conduite de ceux qu'il se propose d'ordonner.

3° « L'Eglise a voulu que chaque diocèse se choisît lui-« même son premier pasteur, et que cheque paroisse pût « agréer ou rejeter le pasteur secondaire qui lui était en-« voyé, discipline qu'on a eu tort de modifier, mais qui l'a « été sous François Ier (*Cons.* Régnier, p. 67). »

Proposition fausse en ce qui concerne le choix des évêques, qu'elle suppose avoir été abandonné par la volonté de l'Eglise à chaque diocèse, tandis qu'il dépendait principalement des évêques comprovinciaux et du métropolitain avant qu'il fût déféré au chapitre de l'Eglise cathédrale. — Fausse en ce qui concerne le droit qu'auraient eu les paroisses d'agréer ou de rejeter le pasteur secondaire envoyé par l'évêque, droit qui n'a jamais existé et qui renverserait les principes du gouvernement ecclésiastique. — Téméraire, en tant qu'elle blâme les changements opérés par le Saint-Siége et approuvés par les conciles œcuméniques dans la discipline des élections épiscopales.

4° « Une sentence de déposition contre un curé ne peut « être prononcée régulièrement qu'après une procédure so- « lennelle, une confrontation de témoins et des débats « contradictoires (*Cons.* Régnier, p. 20). »

Proposition inexacte, contraire aux saints canons, et téméraire en tant qu'elle avance, d'une manière absolue, qu'il faut toujours une procédure solennelle et la confrontation des témoins pour déposer régulièrement un curé. Le chapitre ***Statuta*** 20 ***de Hæreticis in*** 6° autorise les evêques à supprimer, dans les procédures criminelles pour cause d'hérésie, les noms des témoins, quand la publication de ces noms ne pourrait se faire sans un grave péril ; il suffit, dans ce cas, de communiquer à quelques hommes graves, et sous la loi du secret, les dépositions qui ont été faites avec les noms des témoins. Le concile de Trente permet formellement aux évêques de procéder, jusqu'à la déposition, contre un curé concubinaire, ***sine stepitu at figurâ judicii, solâ facti veritate inspectâ*****.....** Si les évêques voient les mêmes dangers à faire, dans une procédure pour cause d'immoralité, la confrontation des témoins, que les canons ont permis de supprimer dans les procédures pour cause d'hérésie, il est téméraire à un particulier de prétendre les blâmer, comme s'ils devaient abandonner l'affaire et laisser le désordre se perpétuer dans une paroisse plutôt que de ne pas observer sur ce point les formes ordinaires d'une procédure solennelle.

5° « Le conseil épiscopal n'est pas compétent pour pronon- « cer une privation d'office et de bénéfice (*ibid.*, p. 24-25). »

L'auteur des ***Consultations*** prouve cette proposition par cer divers motifs : 1° que le conseil épiscopal, tel qu'il existe parmi nous, n'est pas le conseil que l'Eglise donne à l'évêque ; 2° que les mêmes hommes ne peuvent être les conseillers de l'évêque qui met en jugement un membre de l'Eglise, et les conseillers extraordinaires de l'Eglise, qui s'est réservé de le faire juger elle-même ; 3° que le concile de Trente ne l'a pas voulu et s'en est expliqué clairement en décrétant que l'évêque ou son vicaire général s'adjoindront six personnes constituées en dignité. — Or, il est à observer d'abord que, d'après le droit canon, les évêques ont pu acquérir par prescription le droit de juger et de punir les clercs de leurs diocèses, indépendamment du chapitre *Cap. Non est, 3 de Consuet. in 6°.* — En fait, il est certain que cette coutume existe depuis un temps immémorial. — Il est à observer, en second lieu, que ce n'est pas l'Eglise prise pour le clergé du diocèse, ni, à propromeut parler, l'Eglise universelle, qui juge dans ce cas. L'évêque seul est juge ; il peut remplir son office par lui-même ou par délégation. — Enfin, il est à observer qne le concile de Trente ne requiert la présence de six assesseurs que pour la dégradation d'un clerc, à l'effet de le livrer au bras séculier, et encore, dans ce cas, les assesseurs ne sont pas juges, et le concile ne dit rien d'où l'on puisse inférer que l'évêque doive les choisir en dehors de son conseil ordinaire. La proposition est donc fausse en tous points.

« 6° Si les évêques n'avaient pas d'officialité, ce serait un abus (*ibid.* p. 43). » Les saints canons prescrivent aux évêques certaines formalités dans l'exercice de la juridiction strictement contentieuse ; mais ils ne leur imposent nulle part l'obligation d'avoir une officialité, de nommer un official, qui exerce en leur nom, et par délégation, cette partie de la juridiction épiscopale. Ce n'est donc pas un abus que l'absence d'une officialité proprement dite.

« 7° Si l'évêque avait le pouvoir de déposer un curé, *ex* « *informata conscientia*, il jouirait d'un privilége anti- « canonique, anti-chrétien, contraire aux règles de la saine « raison, et il n'y aurait dans l'Eglise aucune garantie d'or- « dre, de justice, de stabilité (*ibid.* p. 46). » Que l'évêque ne puisse pas, selon la discipline canonique, déposer un curé ni tout autre bénéficier par une décision prise, *ex informata conscientia*, soit ; mais cette manière de procéder, considérée en elle-même, ne serait ni anti-chrétienne, ni contraire à la constitution divine de l'Eglise, ni contraire aux règles de la saine raison. Le droit divin, l'équité naturelle, ne permettent pas à un supérieur de punir son inférieur, sans avoir, au préalable, la certitude morale de sa culpabilité ; mais cette certitude peut être acquise suffisamment, sans sortir des formes d'une juridiction administrative.

« 8° Le concile de Trente n'a pas prévu le cas d'une sus- « pense pour délit secret ou extrajudiciellement prononcé « (*ibid.* p. 48). »

Proposition contraire au sens naturel du chapitre *Cum honestius* combiné avec le préambule qui en donne l'explication. — Contraire à l'enseignement des canonistes et à l'interprétation constante donnée par la *Congrégation du concile.* — Contraire à la bulle *Auctorem fidei* qui déduit de ce même chapitre du concile de Trente la légitimité des suspenses prononcées par les évêques *ex informata conscientia.* — L'auteur de la *Consultation* traite peu convenablement cette bulle que, selon lui, on invoque à tout propos et dans laquelle il y aurait des appréciations inexactes de la doctrine du synode de Pistoie. Comprend-on un prêtre parlant ainsi d'une constitution pontificale qui fait loi dans l'Église?

« 9° Les actes d'immoralité et de sévices ne peuvent de« venir des délits susceptibles d'être poursuivis qu'autant « qu'ils auraient été publics, car un des axiomes du droit « canon est que les tribunaux ecclésiastiques ne connaissent « pas des fautes secrètes (*ibid.* p. 54). » — Proposition contraire aux saints canons et à la discipline de l'Eglise, qui juge et punit les délits occultes quand ils sont suffisamment constatés. L'auteur de la *Consultation* cite à l'appui de son étrange assertion le chapitre *Tua nos* 34, *de Simonia*, dont il cite ces paroles : *Occultis de excessibus non debet judicare Ecclesia, sed de manifestis tantum*, paroles qui ne se trouvent pas ainsi disposées dans le chapitre et auxquelles on donne un sens qu'elles n'ont pas dans le contexte. Le pape Innocent III se borne à dire dans le chapitre *Tua nos* que l'Eglise n'a point à juger des intentions intérieures, Dieu seul ayant le secret des cœurs.

« 10° Pour empêcher que l'évêque n'usurpe ce pouvoir « (de porter des sentences *ex informata conscientia*), le « conseil d'Etat, investi par le souverain de son droit de « surveillance et de protectorat, doit réprouver cette absurde « et funeste doctrine, ainsi que les actes qui se rattachent « plus ou moins à son application... La possession bénéfi« ciale (d'une cure), résultant d'une institution canonique « agréée par décret, est un droit acquis, même civilement, « dont le curé ne peut être privé que juridiquement sous la « surveillance de l'Etat par des tribunaux judiciaires... S'il « était vrai que l'Eglise n'eût plus de tribunaux en France, « le curé serait autorisé à recourir aux tribunaux civils, per« sonne parmi nous ne pouvant être arbitrairement dépouillé « de ce qu'il possède légitimement (Const. de l'Emp.); et, en « vertu du concordat, l'Etat étant obligé de faire respecter les « droits ecclésiastiques légitimement acquis (*ib.*, p. 46-32). »

Propositions qui, en tant qu'elles rendent le conseil d'Etat juge de la doctrine dans l'interprétation des saints canons, et qu'elles assimilent les offices et bénéfices ecclésiastiques aux biens civils, déclarant qu'un curé pourrait recourir aux tribunaux civils pour être maintenu en possession de son office et bénéfice, dans le cas où les formes contentieuses ne seraient pas suivies au for ecclésiastique..., sont fausses, erronées, téméraires, scandaleuses, contraires au droit, à la liberté, et à l'indépendance de l'Eglise.

11° « L'appel à Rome n'est pas praticable à raison des « frais qu'il faudrait nécessairement faire pour le rendre « utile, et d'ailleurs il n'existe pas d'exemple que de-« puis 1802, Rome ait fait vider canoniquement, et suivant « les formes voulues, les appels venus de France (*Consul-« tation* pour M. Bordier, p. 23). » En conséquence, l'auteur des *Consultations* donne avis à ses deux clients de soumettre à la révision du conseil d'Etat les actes de l'autorité épiscopale et archiépiscopale dont ils se plaignent.

Cette proposition est injurieuse à l'égard des souverains pontifes, qu'elle suppose négliger, ou ne vouloir pas l'observation des règles d'après lesquelles les causes portées à Rome par voie d'appel doivent être terminées; de plus elle est contraire aux principes hiérarchiques, en tant qu'elle détourne, sous de futiles prétextes, les ecclésiastiques de suivre l'ordre prescrit par la divine constitution de l'Eglise, qui veut que les causes, qui ne pourraient être conclues par les juges ordinaires qui sont sur les lieux, soient soumises, en dernier lieu, à la suprême juridiction du Siége apostolique. . . .

Il nous suffit, monseigneur, d'attirer votre attention sur de pareils écarts. Ils affligeront votre cœur, mais vous saurez trouver dans votre sagesse les remèdes qu'il convient d'y apporter. . . . .

ORDONNANCE.

Nous, Marie-Dominique-Auguste Sibour, par la miséricorde divine et la grâce du Saint-Siége apostolique, archevêque de Paris,

Ouï le rapport qui nous a été fait sur deux mémoires récents, publiés sous le titre de *Consultations*, l'un dans l'affaire de M. Bordier, prêtre d'Angers, l'autre dans l'affaire de M. Régnier, ancien curé de Salbris, diocèse de Blois;

Après avoir pris nous-même connaissance des deux écrits qui nous étaient déférés :

Attendu que les droits de la défense, quelque étendus et sacrés qu'ils soient, ne peuvent jamais autoriser à manquer de respect à l'autorité ecclésiastique, et à lui faire injure en dénaturant ses actes et ses intentions; que ces mêmes droits autorisent encore moins un ecclésiastique à émettre des doctrines dangereuses et des principes erronés;

Attendu que, dans les deux écrits cités, l'auteur a manqué gravement au respect et à la justice qu'il devait à des évêques, en parlant d'arbitraire et de tyrannie, au sujet de leurs actes; en leur supposant des intentions odieuses, qu'ils n'avaient pas, qu'ils ne pouvaient pas avoir; en leur attribuant le projet formel de renverser toute règle et toute discipline dans des causes où ils s'efforcent au contraire de les maintenir;

Attendu qu'il a, de plus, semé dans ces deux écrits des doctrines malsaines et des principes faux, contraires à la constitution de l'Eglise et à la hiérarchie;

Considérant que déjà plusieurs fois, et notamment l'année dernière, au sujet de quelques écrits où se rencontraient des écarts analogues et où les droits du Saint-Siége n'étaient pas respectés, nous avions dû donner à l'auteur des avertissements sévères et exiger de sa part les explications et les soumissions convenables,

Avons condamné et condamnons les deux écrits précités.

Et quant à la personne de l'auteur, nous suspendons à son égard toute peine, espérant, d'après ce que nous avons déjà obtenu, dans une autre circonstance, de sa foi et de sa piété, qu'aussitôt que notre jugement sera arrivé à sa connaissance, il s'empressera de s'y soumettre et de désavouer tout ce qu'il y a de répréhensible dans les mémoires condamnés.

Donné à Paris, etc., le 10 août 1854.

Monsieur et très honorable abbé,

Vous avez dit la vérité tout entière sur un point brûlant; vous l'avez dite une seconde fois; vous rétracterez-vous encore? S'il en était ainsi, vous perdriez à tout jamais la confiance des 40,000 prêtres au moins dont vous avez toutes les sympathies. Vous n'avez rien dit de trop. Que n'auriez-vous point dit, si vous saviez au juste tout ce qui se passe dans les diocèses! Tel évêque bien connu, depuis six ans d'épiscopat, a interdit ou changé disgracieusement les bons *trois quarts* des prêtres de son diocèse; les autres évêques à l'avenant. Les victimes sont innombrables depuis 1830, et surtout depuis 1842. Un commis voyageur, ami des prêtres, s'est plu, dans ses excursions de dix ans dans les presbytères de France, à prendre note de tous les prêtres interdits dont il a pu obtenir le nom, y compris, à la vérité, ceux qui, de curés ou de vicaires, ont été réduits au simple pouvoir de célébrer. Le nombre en est effrayant, et ce nombre est restreint toutefois. Par tous les presbytères qu'il a visités, et il en a visité plus de dix mille, ce n'est qu'un cri et qu'un murmure contre la sévérité de l'évêque diocésain. C'est un fait qu'on ne peut révoquer en doute. Il se passe sous le soleil, sous les yeux des populations et des familles blessées dans leurs affections et leur honneur. Mais ce qu'il y a de plus déplorable et de plus honteux pour l'Eglise, c'est de voir la plupart des prêtres frappés appartenir à cette classe de 1810 à 1828. Vétérans du sacerdoce, que l'Eglise, dans son veuvage, allait arracher à leurs familles pour leur imposer les mains, presque tous appartenant à des familles pauvres, mais honnêtes, et avant tout chrétiennes, on les voit errer en cheveux blancs, sans asile, sans diocèse et sans pain. Le crime de ces prêtres était la bonté, la franchise, le désintéressement, car ils sont tous pauvres. Quelques-uns d'entre eux avaient étudié rapidement; leurs évêques mêmes, pour jouir plus tôt de leurs services, avaient été les premiers à abréger leurs études. Non, tous n'étaient pas des Bossuet; mais nos bons vieux évêques nobles de la Restauration les aimaient, s'en contentaient. Il a fallu que, pour leur malheur, il arrivât au timon de l'Eglise des évêques intrigants et jaloux de leur autorité, pour abattre ces braves gens, simples comme les bruyères de la glèbe où ils avaient été implantés. Ne savez-vous pas, monsieur l'abbé, que nos jeunes parvenus de l'épiscopat, qui se mirent dans leur or et qui couchent avec leur mitre et leur crosse pour ne pas oublier qu'ils sont évêques, ont tremblé sur leur siége à ce mot de liberté qui retentit en Europe depuis bientôt dix ans, et que voilà le motif de leur sévérité outrée? Comment l'interpréter autrement? Le clergé de France n'est pas devenu si mauvais tout d'un coup, pour qu'il n'y ait que les évêques de bons et les quelques favoris qui les entourent. Laissons croître le clergé de la nouvelle France, les fils des tempêtes révolutionnaires : ils apprennent à manier la plume; les évêques seront punis. Un laïc distingué a écrit il n'y a pas longtemps à un archevêque, qui, pour arriver à sa haute dignité, s'était fait croire l'ami et le soutien des prêtres : *Monseigneur, si les choses arrivent comme on le craint, il y aura des évêques qui seront pendus par les prêtres de leur diocèse.* — Pourquoi les abus de pouvoir que vous signalez, monsieur l'abbé, n'existeraient-ils pas? Ils existaient en partie, et en petit nombre, il est vrai, dans les premiers siècles de l'Eglise. Lisez la lettre que saint Isidore écrivait à Cyrille, patriarche d'Alexandrie, contre les évêques qui condamnent un prêtre sans l'entendre, et sur de simples rapports isolés et personnels; et celle **103**me, dans laquelle il appelle Eustate et Eusèbe des évêques remuants, qui troublent toute l'Eglise. Vos talents et votre science profonde, monsieur, sur la discipline ancienne et moderne de l'Eglise, n'ont pas, je le sais, besoin de mes avis; mais j'ai voulu vous remercier de votre zèle, de votre courage, de votre dévoûment pour la cause de vos confrères. Si j'avais vos talents, je les mettrais à contribution pour éclairer l'épiscopat; mais je ne sais et ne puis que compatir aux maux de mes frères dans le sacerdoce. Si le temps me le permet, si l'occasion s'en présente, je me permettrai d'aller vous remercier en personne et de vous décliner alors un nom que je ne puis, par prudence, inscrire à la suite des sentiments respectueux et distingués avec lesquels j'ai l'honneur d'être, etc. — **20** août **1854**.

*Extrait d'une lettre de M. l'abbé G***.*

Après la publication de l'ordonnance de Mgr l'archevêque de Paris, M. l'abbé G*** entreprit de prouver à un de mes amis que j'étais hérétique ou au moins schismatique. Ses deux lettres sont entre mes mains. Je tire de la première le passage suivant, où il m'impute des opinions qui n'ont jamais été les miennes, mais où se trouvent des réflexions qui confirment ce qu'on vient de voir dans la lettre précédente :

« 3e présomption contre M. l'abbé Prompsault. — C'est qu'il s'ôte à lui-même, l'infortuné, c'est qu'il m'ôte à moi et à mes pauvres frères, curés de campagne, tristes jouets du caprice des chapitres diocésains, la seule ressource qui nous reste : c'est l'appel en dernier ressort. Nous n'avons plus d'officialité ni de tribunaux ecclésiastiques; on prononce sur notre sort de la manière la plus impitoyable, et la moindre peine infligée chez nous, c'est ou l'interdit ou le renvoi, qui ne vaut pas mieux, peine infamante qui nous ferme tout asile; peine de mort civile, peine de mort matérielle. Oh! si l'on savait ce que nous avons à souffrir des préventions les plus injustes, de toutes les ignobles tyrannies subalternes produites par les plus petits cancans, petitesses qui ont des conséquences de mort. Si nous en appelons à l'archevêque, il est rare que l'archevêque n'entre pas dans les antipathies de l'évêque, son suffragant. Ils sont si voisins, ils s'entendent si bien ! Ah ! monsieur Prompsault, laissez-moi en dernier ressort la haute juridiction du souverain pontife. Soyez sûr que, dans ce que vous écrivez et entreprenez, vous êtes au moins un maladroit. » — Septembre 1854.

Appel au concile provincial.

Monseigneur, l'abbé Jean-Henri-Romain Prompsault, prêtre chapelain de la maison impériale des Quinze-Vingts aveugles, à Paris, rue de Charenton, n° 28, où il est domicilié, ayant été sur une accusation sottement ou méchamment calomnieuse condamné par Votre Grandeur, en même temps que deux de ses consultations, sans avoir été préalablement cité et entendu en ses moyens de défense, et l'ordonnance du 10 août qui porte cette condamnation ne lui ayant été notifiée que sept jours après, lorsqu'elle était déjà imprimée, classée parmi les actes de votre épiscopat et peut-être distribuée dans toute la France, se rend appelant tant de la forme que du fond au concile provincial, qu'il supplie Votre Grandeur de vouloir bien assembler pour examiner cette affaire selon les règles du droit canon reçu en France, entendre sa défense, recevoir ses plaintes et prononcer ce que appartiendra, espérant que Votre Grandeur voudra bien lui donner ou faire donner acte de son appel.— Il a l'honneur, etc. — 23 août 1854.

Le récépissé que je demandais ne me fut pas envoyé. Je priai M. l'archidiacre Surat, ainsi qu'on l'a vu dans l'exposé des faits, de vouloir bien me le faire accorder. On ne me répondit pas. Alors je pris le parti d'envoyer par lettre chargée, à M. l'abbé Lagarde, secrétaire de l'archevêché, une nouvelle copie de mon appel. Je reçus de lui la réponse suivante :

Archevêché de Paris. — Belle-Eau, le 29 août 1854.

Monsieur l'abbé, j'ai l'honneur de vous accuser réception de la lettre que vous m'avez adressée le 27 du courant. Agréez, monsieur l'abbé, l'assurance de mes respectueux sentiments. Signé : E.-J. Lagarde, secrétaire de l'archevêché.

M. l'abbé Prompsault, rue de Charenton, 28, Paris.

Réponse à la notification de retrait de pouvoirs faite par M. l'archidiacre Buquet.

Monsieur l'archidiacre, j'ai l'honneur de vous prévenir que je viens de me pourvoir, en cas d'abus, contre l'acte que vous m'avez notifié par votre lettre en date du 8. En même temps je vous prie de vouloir bien, en l'absence de Mgr l'archevêque, recevoir vous-même mon appel au concile provincial.

Appel au concile provincial.

L'abbé Jean-Henri-Romain Prompsault, prêtre chapelain de l'hospice impérial des Quinze-Vingts, y résidant, se rend appelant au concile métropolitain de Paris d'un acte d'autorité épiscopale qui lui a été notivé par lettre du 8, exécutif d'une ordonnance épiscopale frappée d'appel et portant retrait de pouvoirs motivé sur le défaut de soumission à la susdite ordonnance dont il avait la faculté d'appeler, se réservant de montrer la nullité et l'abus de l'acte dont il est appelant.

Soyez assez bon, monsieur l'archidiacre, pour me donner ou me faire donner récépissé de cet appel. — J'ai l'honneur, etc. — 10 septembre 1854.

Le récépissé demandé ne m'a pas encore été envoyé, mais un grand-vicaire m'a dit verbalement que le concile provincial ne serait point saisi de cette affaire.

Lettre à S. E. M. le ministre de l'intérieur.

Monsieur le ministre, je soutiens devant le conseil d'État, dans l'intérêt des lois, de la justice et de la discipline ecclésiastique, le pourvoi de trois de mes confrères que l'autorité dit être peu méritant et qu'elle a en conséquence arbitrairement frappés.

Mgr l'archevêque de Paris est l'un des six prélats qui se trouvent en cause. Au lieu de me répondre il a condamné, comme calomnieuse et contenant une doctrine peu saine, la consultation que j'ai donnée contre lui, violant ainsi cet axiome du droit : Nul ne peut être juge dans sa propre cause, et l'article 377 du Code pénal.

Il m'a condamné sans m'appeler, sans m'entendre, sur un rapport évidemment mensonger.

Il est inutile de dire que l'accusation de calomnie n'est point fondée. Quant à la doctrine peu saine qui m'est imputée, elle consiste à conseiller de recourir au conseil d Etat et reconnaître au souverain les droits que les concordats lui accordent sur les matières bénéficiales ecclésiastiques.

Une pareille condamnation qui, du reste, n'est qu'une sentence en premier ressort, ne pouvait pas être acceptée, surtout en présence des procès pendants et de ses prétentions à méconnaître les lois concordataires. J'en ai appelé au concile provincial et au conseil d'Etat.

En même temps, comme Mgr l'archevêque a fait publier son ordonnance par les journaux, j'ai répondu par quelques observations sur le rapport qui la précède. Je n'ai encore pu obtenir leur insertion que dans un seul d'entre eux.

Pour me punir d'en avoir appelé au conseil d'Etat et d'avoir osé dire que si Sa Grandeur avait daigné m'appeler et m'entendre elle ne m'aurait probablement pas condamné, car Mgr l'archevêque vient de me notifier un retrait de pouvoirs.

Ce retrait pur et simple est radicalement nul. Il n'est pas plus permis à un évêque de renvoyer sans office et sans bénéfice un prêtre qui n'a pas été régulièrement dégradé, qu'il n'est permis à un général de renvoyer un officier et de le mettre, de sa propre autorité, hors des cadres de l'armée.

De plus, il soulève une autre question. Depuis son existence, c'est-à-dire depuis six cents ans, la chapelle des Quinze-Vingts appartient à la grande-aumônerie. C'est d'elle que j'ai reçu mes pouvoirs. Mgr l'archevêque peut-il me retirer ce que je n'ai pas reçu de son siége? Je ne le pense pas.

Si Votre Excellence veut bien ne pas intervenir, je défendrai, sans scandale et avec le moins d'éclat possible, contre Mgr l'archevêque de Paris, les droits de l'Empereur, ceux du conseil d'Etat, ceux de ma chapelle, les miens, ceux de mes confrères et de toute l'Eglise.

Si, au contraire, elle n'est pas d'avis que le chapelain des Quinze-Vingts oppose aux prétentions de Sa Grandeur une résistance qui me paraît légitime, je la prie de vouloir bien m'admettre à faire valoir mes droits à la retraite.

Je suis dans ma 57e année, j'ai plus de 35 ans de service, dont 25 aux Quinze-Vingts par des temps difficiles.

Mon cher abbé, voici le texte même des statuts diocésains qui me mettent, par rapport à vous, dans une position fort désagréable :

« Suspensionem totalem O. Episcopo reservatam ipso facto « incurrunt.

« 1° Sacerdos alterius diocesis *apud nos ignotus, nec non et* « *quivis* sacerdos alias a sacris prohibitus, qui, non obtenta « prius legitima licentia missam, vel semel, sive privatim, sive « publice celebrat. »

Je vous ai autorisé à dire la messe dimanche dernier. Mais, d'après ce qui m'est déjà arrivé, je suis sûr que j'éprouverais de graves désagréments si on le savait, d'autant plus que le retentissement de vos affaires est de nature à vous rendre fort peu favorable l'évêque de Versailles. Si vous désirez dire la messe ici, vous feriez bien d'en demander l'autorisation à l'évêché, ou, si vous le préférez, je la demanderai pour vous. Peut-être vaudrait-il mieux ne pas la dire et rester incognito pendant votre séjour ici. Quoi qu'il en soit, monsieur l'abbé, vous avez toutes les sympathies du curé d'Igny ; il est plein de respect et d'estime pour vous. Venez me voir aussi souvent que vous pourrez. — Je suis votre affectionné et dévoué confrère,

Igny, ce 20 septembre 1854. GUESNIER, *curé d'Igny.*

Lettre à Mgr l'Archevêque.

Monseigneur, j'ai l'honneur de prévenir Votre Grandeur que S. E. M. le ministre de l'intérieur a bien voulu m'accorder un congé de trois mois.

Le curé qui m'a permis dimanche passé de dire la sainte messe dans son église n'ose pas prendre sur lui de m'accorder la même faveur dimanche prochain, sans avoir vu un *celebret* en forme de Votre Grandeur. Je la supplie en conséquence de vouloir bien m'en faire délivrer un. — J'ai l'honneur, etc. — 21 septembre 1854.

Réponse à la lettre précédente.

Monsieur l'abbé, je crois devoir vous envoyer le *celebret* que vous réclamez, et je pense que le billet ci-joint remplira ce but.

Je profite de l'occasion pour vous presser de nouveau de faire des réflexions sérieuses et de chercher les véritables moyens de sortir de la situation où vous vous trouvez. J'aime à voir un présage heureux dans le parti sage que vous avez pris de vous retirer, en demandant un congé de trois mois : j'en ai averti Mgr l'archevêque. Le prélat va revenir à Paris dans le cours de la semaine prochaine. Je fais des vœux bien sincères pour que vous pesiez bien les conséquences de ce que vous pourriez faire, par rapport à votre conscience, à votre tranquillité, et à l'intérêt de l'Eglise, que vous ne voudrez pas compromettre, et qui cependant doit entrer dans vos considérations.

Agréez, etc. LEQUEUX.

J'atteste que Mgr l'archevêque de Paris n'a pas retiré à M. l'abbé Prompsault la faculté de monter au saint autel et de dire la sainte messe.

LEQUEUX, *vicaire général de Paris.*

Paris, le 22 septembre 1854.

Réponse à M. l'archidiacre Lequeux.

Monsieur le grand-vicaire, je vous remercie de la promptitude avec laquelle vous avez bien voulu répondre à ma demande.

La publicité qui a été donnée à l'ordonnance de Monseigneur et au rapport qui la précède m'a fait un tort moral dont la réparation complète sera impossible, ce qui rend un accommodement extrêmement dificile.

Je suis prêtre et écrivain. Comme prêtre, je ne puis ni ne dois laisser opprimer la justice et la vérité sans manquer au premier de mes devoirs; comme écrivain, je dois tenir à la conservation de ma réputation. Elle est indispensable au but que je me suis toujours proposé et dont je ne veux pas m'écarter, celui de défendre les véritables intérêts de la religion, selon mes forces et l'étendue de mon faible savoir. C'est, à mon avis, un tribut que l'Eglise exige de tous ses enfants, et qu'aucun d'eux ne peut lui refuser.

Mon mémoire au conseil d'Etat mettra en évidence la série de falsifications, fausses interprétations et oublis du droit concordataire à l'aide de laquelle on a pu surprendre la bonne foi de Monseigneur et lui arracher des actes qui fourmillent d'abus. Je le fais avec calme et modération. Il est bien certain qu'il y a dans cette querelle quelque chose d'affligeant, mais je n'ai pas à me reprocher de l'avoir volontairement suscitée. On ne me reprochera pas non plus de l'avoir malicieusement entretenue; car je saisirai toutes les occasions qui pourront se présenter de l'apaiser sans faire le sacrifice du droit et de l'équité. J'ai, etc. — 22 septembre 1854.

Paris. — Impr. Lacour et Cᵉ, rue Soufflot, 16.

www.ingramcontent.com/pod-product-compliance
Ingram Content Group UK Ltd.
Pitfield, Milton Keynes, MK11 3LW, UK
UKHW022124260726
13993UKWH00003B/1217

9 782329 100241